广东省宣传文化发展专项资金项目

海上丝绸之路青少年科普丛书

海上丝路之梦想起航

丛书顾问　刘迎胜　陈佳荣　朱鉴秋
丛书主编　王元林
本书编著　冯海波

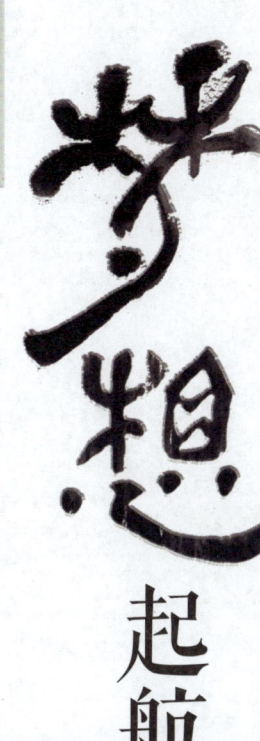

广东科技出版社
南方出版传媒
全国优秀出版社
·广州·

《海上丝路之梦想起航》创作团队

丛书顾问

刘迎胜

陈佳荣

朱鉴秋

丛书主编

王元林

本书编著

冯海波

目录

"一带一路",科技创新之路 …………………… 001

"一带一路"倡议的时代背景与建设思路 ………… 003
一个高瞻远瞩的倡议 ………………………………… 005
科技创新引领和支撑"一带一路"建设 …………… 017
"一带一路"建设取得新进展 ………………………… 024
"一带一路"国际合作高峰论坛描绘美好蓝图 …… 034

建设"21世纪海上丝绸之路"的广东探索 ……… 041
"领潮争先"的海洋文化 …………………………… 042
从经济特区到自贸试验区建设 …………………… 049
从推动泛珠三角交流合作到建设"粤港澳大湾区" … 060

打造"一带一路"特色平台 ………………………… 075
广交会——"海上丝绸之路"的新生 …………… 076
高交会——中国科技第一展 ……………………… 089
文博会——中国文化产业第一展 ………………… 103
留交会——中国海外留学人员交流第一品牌 …… 115
海博会——"海上丝绸之路"经贸合作新平台 … 123

参考文献 ………………………………………………… 131

广东以旅游航空馆的形式在2016年海博会上展示"活力广东"

"一带一路",科技创新之路

2017年5月14日,国家主席习近平在"一带一路"国际合作高峰论坛开幕式上的演讲中明确指出,"创新之路"是"一带一路"建设的五大未来方向之一。习近平主席指出,创新是推动发展的重要力量。"一带一路"建设本身就是一个创举,搞好"一带一路"建设也要向创新要动力。

科技创新是推动全球和区域经济社会发展的重要驱动力,各国都将其作为增强自身的国际竞争力、提升综合国力的重要手段。创新合作超越国界,以全人类的福祉为出发点,单靠某个国家无法解决人类所面临的科技问题,各国通过优势互补开展科技合作是大势所趋。

"一带一路"是一个突破性、全局性的国际倡议,具有范围广、周期长、领域宽等特点,更是一项长期、复杂而艰巨的系统工程。在"一带一路"建设中,科技创新是支撑服务互联互通、生态文明建设、人才合作与交流的有效手段,也是深化与相关国家和地区开放合作的桥梁纽带。这对国际科技合作既提出了新的课题,也创造了新的发展机遇。

"一带一路"沿线国家在自然环境、社会政策、经济和文化等方面存在巨大差异,沿线国家和地区的技术发展水平各不相同,依靠互联互通推动经济社会发展的需求非常迫切。而通过科技创新和国际科技合作,能够更好地应对一些现实问题,从而为解决复杂的发展挑战提供新途径和新可能。

"一带一路"倡议提出以来,中国与相关国家在诸如环境、健康、网络、安全等众多领域开展科技合作,通过共同建立联合实验室、研究中心、产业化基地、科技园区,搭建技术转移平台,以及联合培养科技人才等,促进科研数据和科技资源的互联互通,不断提升沿线国家的创新能力,科技创新合作取得显著成果,不断推动"一带一路"的共同愿景从战略层面走向实施层面,从规划设想变为现实图景。

"一带一路"倡议的时代背景与建设思路

丝绸之路经济带

罗斯

中亚
霍尔果斯
阿拉木图
比什凯克
乌鲁木齐
撒马尔罕
武威
杜尚别
兰州
北京
西安
黑兰
福州
加尔各答
河内
泉
海口
南亚
南海
科伦坡
东南亚
印度洋
吉隆坡
雅加达

21世纪海上丝绸之路

推进"丝绸之路经济带"和"21世纪海上丝绸之路"（简称"一带一路"）建设是我国政府根据时代特征和全球形势提出的重大倡议，对促进沿线各国的经济繁荣与区域经济合作，加强不同文明的交流互鉴，促进世界的和平发展，都具有划时代的重大意义。"一带一路"是促进共同发展、实现共同繁荣的合作共赢之路，是增进理解信任、加强全方位交流的和平友谊之路。

"一带一路"是全方位对外开放的必然选择，也是文明复兴的必然趋势，还是经济全球化的必然要求，标志着中国从参与全球化到塑造全球化的态势转变。

"一带一路"是世界上跨度最长的经济大走廊、最具发展潜力的合作带。从地图上看，"一带一路"发端于中国，贯通中亚、东南亚、南亚、西亚乃至欧洲部分区域，东牵亚太经济圈，西系欧洲经济圈，覆盖约44亿人口，占全球的63%；经济总量约21万亿美元，占全球的29%。"一带一路"沿线大多是新兴经济体和发展中国家，普遍处于上升期。我国作为沿线国家的最大贸易伙伴、最大出口市场和主要投资来源地，近10年来，与这些国家贸易额年均增长19%，对其直接投资年均增长46%，均明显高于同期全国总量的年均增速。

共建"一带一路"是中国的倡议，也是中国与沿线国家的共同愿望。现代科技的迅速发展，尤其是互联网以及各种交通工具的变革大大缩短了时空距离感，国际交往日益便利，使世界犹如一个"地球村"，让传统丝绸之路重现活力、大放异彩。而"一带一路"所规划和强调的"互联互通"，必然会加强沿线国家与地区的交通一体化、经济一体化、贸易一体化、金融一体化以及货币一体化等，"天涯若比邻"越来越成为现实。中

丝绸之路经济带

以"古丝绸之路"为基础形成的一个新经济发展区域，包括西北地区（陕西、甘肃、青海、宁夏、新疆）和西南的重庆、四川、云南、广西。

亚太经济圈

广义指亚洲和环太平洋的国家和地区，重点指西太平洋的"新月带"。各国经济有很大的互补性，合作的潜力很大。亚太经济圈是当前世界经济发展最有活力的地区。

国提出的"一带一路"倡议,将推动更大范围、更高水平、更深层次的大开放、大交流、大融合,必将引领亚欧和世界奔向新繁荣,共创新奇迹,谱写建设"丝绸之路经济带"和"21世纪海上丝绸之路"的新篇章,让沿线各国人民共享"一带一路"的共建成果。

一个高瞻远瞩的倡议

2013年9月和10月,中国国家主席习近平在出访中亚和东南亚国家期间,先后提出共建"丝绸之路经济带"和"21世纪海上丝绸之路"的重大倡议,得到国际社会的高度关注。中国国务院总理李克强参加2013年中国—东盟博览会时强调,铺就面向东盟的"海上丝绸之路",打造带动腹地发展的战略支点。加快"一带一路"的建设,有利于促进沿线各国的经济繁荣与区域经济合作,加强不同文明的交流互鉴,促进世界的和平发展,是一项造福世界各国人民的伟大事业。

21世纪海上丝绸之路

21世纪海上丝绸之路,是2013年10月习近平总书记访问东盟时提出的战略构想。21世纪海上丝绸之路主要包括上海、福建、广东、浙江、海南等省市。其战略合作伙伴并不仅限东盟,而是以点带线,以线带面,增进与周边国家和地区的交往,串起连通东盟、南亚、西亚、北非、欧洲等各大经济板块的市场链,发展面向南海、太平洋和印度洋的战略合作经济带,以亚欧非经济贸易一体化为发展的长期目标。由于东盟地处海上丝绸之路的十字路口和必经之地,是21世纪海上丝绸之路战略的首要发展目标。

2014年11月13日,李克强总理在缅甸首都内比都出席第17次中国—东盟会议

东南亚国家联盟(Association of Southeast Asian Nations,简称东盟ASEAN),是以经济合作为基础的政治、经济、安全一体化合作组织。成员国包括马来西亚、印度尼西亚、泰国、菲律宾、新加坡、越南、老挝、缅甸和柬埔寨。

海上丝绸之路 青少年科普丛书

莫斯科
鹿特丹
欧洲
俄罗斯
杜伊斯堡
威尼斯
比
撒马尔罕
伊斯坦布尔
德黑兰
地中海
雅典
西亚
印度
内罗毕

21世纪海

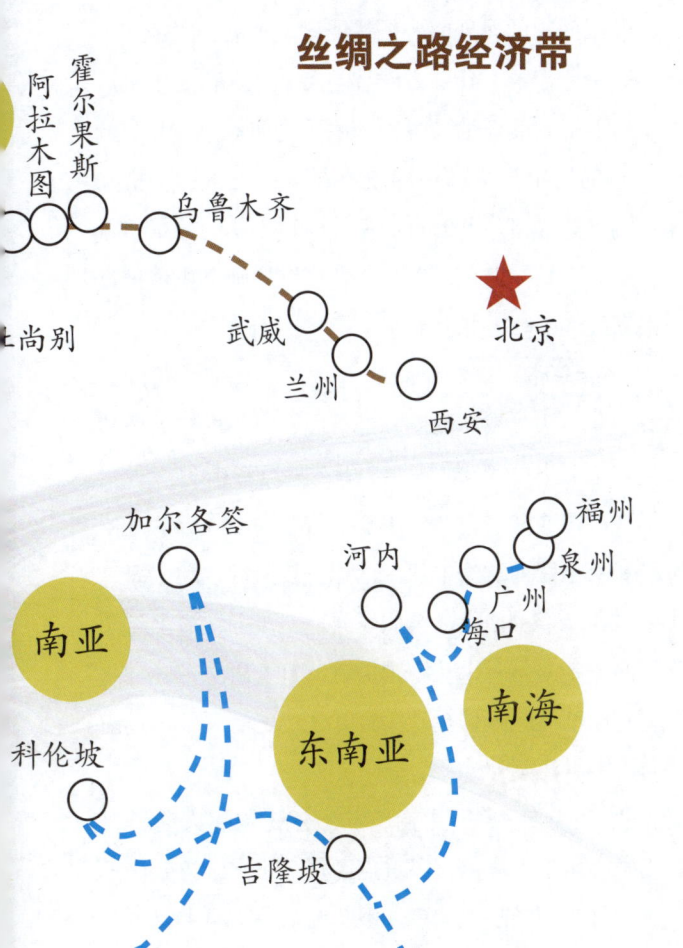

1. 推进"一带一路"沿线国家发展战略的相互对接

当今世界正发生复杂深刻的变化，国际金融危机的深层次影响继续显现，世界经济缓慢复苏、发展分化，国际投资贸易格局和多边投资贸易规则正酝酿深刻调整，各国面临的发展问题依然严峻。为推进实施"一带一路"重大倡议，让"古丝绸之路"焕发新的生机活力，以新的形式使亚欧非各国的联系更加紧密，互利合作迈向新的历史高度，中国政府制定并发布了《推动共建丝绸之路经济带和21世纪海上丝绸之路的愿景与行动》，提出坚持"共商、共建、共享"原则，积极推进沿线国家发展战略的相互对接。

"一带一路"贯穿亚欧非大陆，一头是活跃的东亚经济圈，一头是发达的欧洲经济圈，中间的广大腹地国家经济发展潜力巨大。"丝绸之路经济带"三大走向：①从中国西北、东北经中亚、俄罗斯至欧洲、波罗的海；②从中国西北经中亚、西亚至波斯湾、地中海；③从中国西南经中南半岛至印度洋。"21世纪海上丝绸之路"两大走向是：①从中国沿海港口过南海，经马六甲海峡到印度洋，延伸至欧洲；②从中国沿海港口过南海，向南太平洋延伸。

根据"一带一路"走向，陆上依托国际大通道，以沿线中心城市为支撑，以重点经贸产业园区为合作平台，共同打造新亚欧大陆桥、中蒙俄、中国—中亚—西亚、中国—中南半岛等国际经济合作走廊；海上以重点港口为节点，共同建设通畅安全高效的运输大通道。中巴、孟中印缅两个经济走廊与推进"一带一路"建设关联紧密，通过进一步推动合作，取得更大进展。

共建"一带一路"是一项系统工程，顺应了世界

东亚经济圈

是日本为推进"环太平洋合作构想"而提出的新步骤。"环太平洋合作构想"是日本前首相大平正芳在20世纪70年代末提出的。这个构想的原则是：面向世界的开放性地区主义；对内坚持以实现自由的开放性相互依赖关系为目标；同这一地区已经存在的双边或多边合作关系不矛盾。为实现这一构想，日本国民经济研究协会、外务省、通产省和经济企划厅等参与设计了以日本为首的，包括亚洲"四小龙"和东盟各国的"东亚经济圈"的设想，试图通过贸易、投资和金融方面的合作，逐步形成以日本为首的新国际分工体系。东亚经济圈呈"雁行"体系，日本是"雁头"，亚洲"四小龙"和"东南亚联盟"是雁的两翼，这只"大雁"飞起来后，把澳大利亚、新西兰、中国大陆带动起来并在后面紧跟，以建立新的"亚洲市场"。

国际大通道

一般是指中国与东南亚各国联系的海、陆、空交通的建设，也包括油气管道建设和输变电工程。

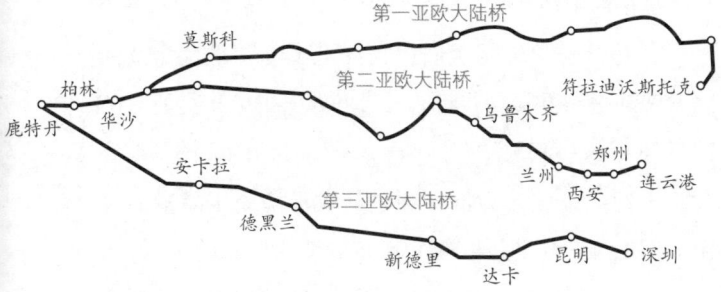

亚欧大陆桥

亚欧大陆桥连接欧洲与亚洲两侧海上运输线及铁路运输线。现已有三条在运行,两条在规划中。其主要功能是开展海陆联运,缩短运输里程。全长约13 000千米。

经济走廊

是指中国与"一带一路"沿线国家一道规划的一个经济带,建设包含中蒙俄、新亚欧大陆桥、中国—中亚—西亚、中国—中南半岛、中巴、孟中印缅六大经济走廊。

欧洲经济圈

除核心欧洲联盟外,还有经合组织、欧洲自由贸易联盟、经济互助委员会等区域性经济组织。欧洲经济圈形成了以欧洲联盟为中心,吸附欧洲自由贸易联盟,并把东欧作为外援的基本态势。欧洲联盟还在设法同北非和中东国家,尤其是地中海沿岸国家保持密切的政治和经济联系,意图建立一个环地中海的自由贸易区。欧洲一体化无论是在地区范围还是程度方面都是在世界前列。

多极化、经济全球化、文化多样化、社会信息化的潮流,秉持开放的区域合作精神,致力于维护全球自由贸易体系和开放型世界经济。共建"一带一路"旨在促进经济要素的有序自由流动、资源高效配置和市场深度融合,推动沿线各国实现经济政策协调,开展更大范围、更高水平、更深层次的区域合作,共同打造开放、包容、均衡、普惠的区域经济合作架构。共建"一带一路"符合国际社会的根本利益,彰显人类社会的共同理想和美好追求,是国际合作以及全球治理新模式的积极探索,将为世界的和平发展增添新的正能量。

共建"一带一路"致力于亚欧非大陆及附近海洋的互联互通,建立和加强沿线各国互联互通的伙伴关系,构建全方位、多层次、复合型的互联互通网络,实现沿线各国多元、自主、平衡、可持续的发展。"一带一路"的互联互通项目将推动沿线各国发展战略的对接与耦合,发掘区域内市场的潜力,促进投资和消费,创造需求和就业,增进沿线各国人民的人文交流与文明互鉴,让各国人民相逢相知、互信互敬,共享和谐、安

欧亚非大陆

欧亚非大陆占全球大陆的比例为56.4%。其中,亚洲:面积4400万平方千米,约占世界陆地总面积的29.4%,是世界第一大洲。共有40个国家和地区。人口32.29亿,约占世界总人口的60%,居世界第一位。非洲:面积约3000万平方千米,约占世界陆地总面积的20.2%,是世界第二大洲。共有56个国家和地区。人口6.62亿,占世界总人口的12.3%,居世界第三位。欧洲:面积约1000万平方千米,约占世界陆地总面积的6.8%,仅大于大洋洲,是世界第六大洲。共有37个国家和地区。人口7.23亿,约占世界总人口的13.4%,居世界第二位,是人口密度最大的洲。

上海合作组织(SCO)

简称上合组织,是哈萨克斯坦共和国、中华人民共和国、吉尔吉斯共和国、俄罗斯联邦、塔吉克斯坦共和国、乌兹别克斯坦共和国于2001年6月15日在中国上海宣布成立的永久性政府间国际组织。

宁、富裕的生活。

共建"一带一路"倡议是促进全球和平合作及共同发展的中国方案。共建"一带一路"的合作是所有国家不分大小、贫富,平等相待、共同参与的合作;是公开、透明、开放,为世界和平与发展增添正能量的合作;是传承丝绸之路精神,追求互利共赢和优势互补的合作;是各国共商共建共享,共同打造全球经济治理新体系的合作;是推动经济要素高效流动和市场深度融合,实现多元、自主、平衡和可持续发展的合作;是推动地区发展,促进繁荣稳定,扩大文明对话和互学互鉴的合作。

2015年10月30日,港口城市发展合作高端论坛在广州举行,加强与海丝沿线港口的合作

当前,世界经济融合加速发展,区域合作方兴未艾。中国政府提出,积极利用现有双多边合作机制,推动"一带一路"建设,促进区域合作蓬勃发展。强化多边合作机制的作用,发挥上海合作组织(SCO)、中国—东盟"10+1"、亚太经合组织(APEC)、亚欧

会议（ASEM）、亚洲合作对话（ACD）、亚信会议（CICA）、中阿合作论坛、中国—海合会战略对话、大湄公河次区域（GMS）经济合作、中亚区域经济合作（CAREC）等现有多边合作机制的作用，相关国家加强沟通，让更多国家和地区参与"一带一路"建设。发挥沿线各国区域、次区域相关国际论坛、展会以及博鳌亚洲论坛、中国—东盟博览会、中国—亚欧博览会、欧亚经济论坛、中国国际投资贸易洽谈会，以及中国—南亚博览会、中国—阿拉伯博览会、中国西部国际博览会、中国—俄罗斯博览会、前海合作论坛等平台的建设性作用。支持沿线国家地方、民间挖掘"一带一路"历史文化遗产，联合举办专项投资、贸易、文化交流活动。

中国—东盟"10+1"

是中国与东盟10国（文莱、印度尼西亚、马来西亚、菲律宾、新加坡、泰国、越南、老挝、缅甸、柬埔寨）组建的自由贸易区。2010年1月1日贸易区正式全面启动。自贸区建成后，东盟和中国的贸易占到世界贸易的13%，成为一个涵盖11个国家、19亿人口、GDP达6万亿美元的巨大经济体，是目前世界人口最多的自贸区，也是发展中国家间最大的自贸区。

亚太经合组织（APEC）

亚洲太平洋经济合作组织（Asia-Pacific Economic Cooperation，APEC），简称亚太经合组织，是亚太区内各地区之间促进经济成长、合作、贸易、投资的论坛，始设于1989年，现有21个成员经济体。亚太经合组织是经济合作的论坛平台，其运作是通过非约束性的承诺与成员的自愿，强调开放对话及平等尊重各成员意见，不同于其他经由条约确立的政府间组织。

博鳌亚洲论坛

博鳌亚洲论坛（Boao Forum for Asia, BFA），由25个亚洲国家和澳大利亚发起，于2001年2月27日在海南省琼海市万泉河入海口的博鳌镇召开大会，正式宣布成立。论坛为非官方、非营利性、定期、定址的国际组织；为政府、企业及专家学者等提供一个共商经济、社会、环境及其他相关问题的高层对话平台；海南博鳌为论坛总部的永久所在地。

2. 互联互通，实现宏大经济愿景

《推动共建丝绸之路经济带和21世纪海上丝绸之路的愿景与行动》提出，"一带一路"建设是沿线各国开放合作的宏大经济愿景，需各国携手努力，朝着互利互惠、共同安全的目标相向而行，区域基础设施更加完善，安全高效的陆海空通道网络基本形成，互联互通达到新水平；投资贸易便利化水平进一步提升，高标准自由贸易区网络基本形成，经济联系更加紧密，政治互信更加深入；人文交流更加广泛深入，不同文明互鉴共荣，各国人民相知相交、和平友好。

"一带一路"建设以政策沟通、设施联通、贸易畅通、资金融通、民心相通为主要内容。其中，加强政策沟通是"一带一路"建设的重要保障。加强政府间的合作，积极构建多层次政府间的宏观政策沟通交流机制，有利于深化利益融合，促进政治互信，达成合作新共识。沿线各国可以就经济发展战略和对策进行充分交流对接，共同制定推进区域合作的规划和措施，协商解决合作中的问题，共同为务实合作及大型项目的实施提供政策支持。

而基础设施互联互通是"一带一路"建设的优先领域。《推动共建丝绸之路经济带和21世纪海上丝绸之路的愿景与行动》提出，支持沿线国家加强基础设施建设规划、技术标准体系的对接，共同推进国际骨干通道的建设，逐步形成连接亚洲各次区域以及欧亚非之间的基础设施网络。抓住交通基础设施的关键通道、关键节点和重点工程，优先打通缺失路段，畅通瓶颈路段，配套完善道路安全防护设施和交通管理设施设备，提升道路通达水平。推进建立统一的全程运输协调机制，逐步形成兼容规范的运输规则,实现国际运输便利化。推动口岸基础设施建设,畅通陆水联运通道,推进港口合作建设,增加海上航线和班次,加强海上物流信息化的合作;拓展建立民航全面合作的平台和机制,加快提升航空基础设施水平。加强能源基础设施互联互通合作,共同维护输油、输气管道等运输通道的安全,推进跨境电力与输电通道的建设,积极开展区域电网的升级改造合作。共同推进跨境光缆等通信干线网络的建设,提高国际通信互联互通的水平,畅通信息丝绸之路;加快推进双边跨境光缆等建设,规划建设洲际海底光缆项目,完善空中(卫星)信息通道,扩大信息交流与合作。

投资贸易合作是"一带一路"建设的重点内容。解决投资贸易便利化问题,消除投资和贸易壁垒,构建区域内和各国良好的营商环境,积极同沿线国家和地区共同商建自由贸易区,将有助于激发和释放合作潜力,做大做好合作的"蛋糕"。一方面,通过与沿线国家加强信息互换、监管互认、执法互助的海关合作,以及检验检疫、认证认可、标准计量、统计信息等方面的双多边合作,推动世界贸易组织《贸易便利化协定》的生效和实施。改善边境口岸的通关设施条件,加快边境口岸"单一窗口"的建设,降低通关成本,提升通关能力。加强供应链的安全与便利化合作,推进跨境监管程序的协调,推动检验检疫证书国际互联网的核查,开展"经认证的经营者"(AEO)的互认。降低非关税壁垒,共同提高技术性贸易措施的透明度,提高贸易的自由化便利化水平。

另一方面,拓宽贸易领域,优化贸易结构,挖掘贸易新增长点,促进贸易平衡,创新贸易方式,发展跨境电子商务等新的商业业态。建立健全服务贸易促进体系，巩固和扩大传统贸易，大力发展现代服务贸易。把投资和贸易有机结合起来，以投资带动贸易发展。加快投资便利化进程，消除投资壁垒。加强双边投资保护协定，避免双重征税协定磋商，保护投资者的合法权益。拓展相互投资领域，开展农林牧渔业、农机及农产品生产加工等领域的深度合作，积极推进海水养殖、远洋渔业、水产品加工、海水淡化、海洋生物制药、海洋工程技术、环保产业和海上旅游等领域的合作。加大煤炭、油气、金属矿产等传统能源资源勘探开发的合作，积极推动水电、核电、风电、太阳能等清洁、可再生能源的合作，推进能源资源就地就近加工转化的合作，形成能源资源合作的上下游一体化产业链。加强能源资源深加工技术、装备与工程服务的合作。

此外，推动新兴产业的合作，按照优势互补、互

繁忙的对外贸易港口

利共赢的原则，促进沿线国家在新一代信息技术、生物、新能源、新材料等新兴产业领域的深入合作，推动建立创业投资合作机制。优化产业链分工布局，推动上下游产业链和关联产业的协同发展，鼓励建立研发、生产和营销的体系，提升区域产业配套的能力和综合竞争力。扩大服务业相互开放，推动区域服务业的发展。探索投资合作的新模式，鼓励合作建设境外经贸合作区、跨境经济合作区等各类产业园区，促进产业集群发展。在投资贸易中突出生态文明理念，加强生态环境、生物多样性和应对气候变化的合作，共建绿色丝绸之路。中国欢迎各国企业来华投资。鼓励本国企业参与沿线国家的基础设施建设和产业投资。促进企业按属地化原则经营管理，积极帮助当地发展经济、增加就业、改善民生，主动承担社会责任，严格保护生物多样性和生态环境。

金砖国家

金砖国家（BRICs），指中国、俄罗斯、印度、巴西、南非五个发展态势良好的国家，是遵循开放透明、团结互助、深化合作、共谋发展的组织。

实现资金融通，是"一带一路"建设的重要支撑。一方面，深化金融合作，推进亚洲货币稳定体系、投融资体系和信用体系的建设。扩大沿线国家双边本币互换、结算的范围和规模。推动亚洲债券市场的开放和发展。共同推进亚洲基础设施投资银行、金砖国家开发银行的筹建，有关各方就建立上海合作组织融资机构开展磋商。另一方面，加快丝路基金的组建运营。深化中国—东盟银行联合体、上合组织银行联合体的务实合作，以银团贷款、银行授信等方式开展多边金融合作。支持沿线国家政府和信用等级较高的企业以及金融机构在中国境内发行人民币债券。符合条件的中国境内金融机构和企业可以在境外发行人民币债券和外币债券，鼓励在沿线国家使用所筹资金。此外，加强金融监管合作，推动签署双边监管合作谅解备忘录，逐步在区域内建立高效监管协调机制。完善风险应对和危机处置制度，构建区域性金融风险预警系统，形成应对跨境风险和危机处置的交流合作机制。加强征信管理部门、征信机构和评级机构之间的跨境交流与合作。充分发挥丝路基金以及各国主权基金的作用，引导商业性股权投资基金和社会资金共同参与"一带一路"重点项目的建设。

民心相通是"一带一路"建设的社会根基。通过传承和弘扬丝绸之路友好合作精神，广泛开展文化交流、学术往来、人才交流合作、媒体合作、青年和妇女交往、志愿者服务等，为深化双多边合作奠定坚实的民意基础。根据《推动共建丝绸之路经济带和21世纪海上丝绸之路的愿景与行动》，中国将扩大相互间的留学生规模，开展合作办学，每年向沿线国家提供1万个政府奖学金名额。推动沿线国家间互办文化年、艺术节、电影节、电视周和图书展等活动，合作开展广播影视剧精品创作及翻译，联合申报世界文化遗产，共同开展世界遗产的联合保护工作。深化沿线国家间人才交流合作。加强旅游合作，扩大旅游规模，互办旅游推广周、宣传月等活动，联合打造具有丝绸之路特色的国际精品旅游线路和旅游产品，提高沿线各国游客签证便利化水平。强化与周边国家在传染病疫情信息沟通、防治技术交流、专业人才培养等方面的合作，提高合作处理突发公共卫生事件的能力，扩大在传统医药领域的合作。加强科技合作，共建联合实验室（研究中心）、国际技术转移中心、海上合作中心，促进科技人员交流，合作开展重大科技攻关，共同提升科技创新能力。

此外，整合现有资源，积极开拓和推进与沿线国

丝路基金

丝路基金是由中国外汇储备、中国投资有限责任公司、中国进出口银行、国家开发银行共同出资，依照《中华人民共和国公司法》，按照市场化、国际化、专业化原则设立的中长期开发投资基金，重点是在"一带一路"发展进程中寻找投资机会并提供相应的投融资服务。

国家主席习近平与出席"一带一路"国际合作高峰论坛的代表合影

家在青年就业、创业培训、职业技能开发、社会保障管理服务、公共行政管理等共同关心领域的务实合作。开展城市交流合作，支持沿线国家重要城市之间互结友好城市，以人文交流为重点，突出务实合作，形成更多鲜活的合作范例；鼓励沿线国家智库之间开展联合研究、合作举办论坛等。加强沿线国家民间组织的交流合作，重点面向基层民众，广泛开展教育医疗、减贫开发、生物多样性和生态环保等各类公益慈善活动，促进沿线贫困地区生产生活条件的改善。加强文化传媒的国际交流合作，积极利用网络平台，运用新媒体工具，塑造和谐友好的文化生态和舆论环境。

科技创新引领和支撑"一带一路"建设

在2017年5月14日举行的"一带一路"国际合作高峰论坛上，中国国家主席习近平在演讲中指出，中国愿同各国加强创新合作，启动"一带一路"科技创新行动计划，开展科技人文交流、共建联合实验室、科技园区合作、技术转移4项行动。中国将在5年内安排2500人次青年科学家来华从事短期科研工作，培训5000人次科学技术和管理人员，投入运行50家联合实验室。创新是推动发展的重要力量，"一带一路"建设本身就是一个创举，搞好"一带一路"建设也要向创新要动力。习近平主席指出，"一带一路"建设的参与国应坚持创新驱动发展，加强在数字经济、人工智能、纳米技术、量子计算机等前沿领域的合作，推动大数据、云计算、智慧城市建设，连接成"21世纪的数字丝绸之路"。

1. 实施"一带一路"科技创新行动

当前，新一轮科技革命和产业变革正在重塑世界经济结构和竞争格局。在全球化、信息化和网络化深入发展的背景下，创新要素开放性、流动性显著增强，科技研究与产业化的边界日趋模糊，科学技术加速在全球的普及与扩散，推动世界经济成为一个紧密联系的整体，用科技促进经济社会发展成为国际共识。世界经济和创新格局的深度调整，需要我国在"一带一路"建设中大力推进科技创新合作。同时，实施创新驱动发展战略，推动经济社会转型升级成为我国发展的必然选择。解决我国面临的经济发展难题，迫切需要提升产业技术水平。推动"一带一路"科技创新合作是我国应对世情国情变化、扩大开放、实施创新驱动发展战略的重大需求。

我国与沿线国家围绕"一带一路"科技创新合作迎来了良好的机遇。因为：①我国与许多沿线国家发展阶段类似，发展需求和条件有共同之处，在发展路径的选择上容易达成共识。我国积累的大量先进适用技术和科技人才，能够为沿线国家提供更具借鉴意义的发展经验。②科技创新在与沿线国家开展国际合作中具有先行

大数据

大数据（big data），指无法在一定时间范围内用常规软件工具进行捕捉、管理和处理的数据集合，是需要新处理模式才能具有更强的决策力、洞察发现力和流程优化能力的海量、高增长率和多样化的信息资产。

优势,已成为政策沟通、设施联通、贸易畅通、资金融通、民心相通的关键支撑。③科技创新在支撑"一带一路"建设中已发挥了积极作用,并取得良好成效。我国与大多数沿线国家建立了较为稳定的政府间科技创新合作关系,与沿线国家共建了一批科研合作、技术转移和资源共享平台,广泛举办各类技术培训班,接收大批沿线国家杰出青年科学家来华工作。

2015年12月第17届中国留学人员科技交流会
设立了广州开展对独联体国际合作成果展区。

为贯彻落实《推动共建丝绸之路经济带和21世纪海上丝绸之路的愿景与行动》,发挥科技创新在"一带一路"建设中的引领和支撑作用,国家科技部等多部委于2016年9月联合发布了《推进"一带一路"建设科技创新合作专项规划》,提出以全面发挥科技创新合作对共建"一带一路"的支撑引领作用为主线,以增强战略互信、促进共同发展为导向,全面提升科技创新合作的层次和水平,推动政策沟通、设施联通、贸易畅通、资金融通、民心相通,打造发展理念相通、要素流动畅

云计算(cloud computing)

云计算是基于互联网的相关服务的增加、使用和交付模式,通常涉及通过互联网来提供动态易扩展且经常是虚拟化的资源。美国国家标准与技术研究院(NIST)定义:云计算是一种按使用量付费的模式,这种模式提供可用的、便捷的、按需的网络访问,进入可配置的计算资源共享池(资源包括网络、服务器、存储、应用软件、服务),这些资源能够被快速提供,只需投入很少的管理工作,或与服务供应商进行很少的交互。

智慧城市

运用信息和通信技术手段感测、分析,整合城市运行核心系统的各项关键信息,从而对包括民生、环保、公共安全、城市服务、工商业活动在内的各种需求做出智能响应。其实质是利用先进的信息技术,实现城市智慧式管理和运行,进而为城市中的人创造更美好的生活,促进城市的和谐、可持续发展。

通、科技设施联通、创新链条融通、人员交流顺通的创新共同体,为开创"一带一路"建设新局面提供有力支撑。科技部还专门组织研究制定了《"一带一路"科技创新合作行动计划》,提出在与相关沿线国家已有合作的基础上,中国政府将在科技人文交流、共建联合实验室、科技园区合作、技术转移4个方面启动具体行动,应对沿线国家面临的共同挑战,与沿线国家共享创新驱动发展经验,带动沿线国家不断提升创新能力,切实发挥科技创新在推进"一带一路"建设中的支撑和引领作用。

  科技创新合作是"一带一路"人文交流的重要组成部分,是促进民心相通的有效途径。通过科技合作,惠及民生,成为国家沟通和民心相通的桥梁。科技合作示范和推广效应好,有利于在合作中增强对我国的认知与互信。同时,科技创新合作是共建"一带一路"的重要内容,是提升我国与沿线国家合作水平的重点领域。与沿线国家相比,我国科技创新资源丰富,在装备制造、空间、农业、减灾防灾、生命科学与健康、能源环境和气候变化等领域形成的技术优势,有利于提升国际合作层次。深化科技合作,有利于发挥科技创新优势,推动由过去传统产业"优势产能"合作向科技"新产能"合作转变。此外,科技创新合作是我国推进"一带一路"重大工程项目顺利实施的技术保障。科技创新在"一带一路"建设中具有重要先导作用,为"一带一路"重大工程建设中突破技术瓶颈、提升工程质量及创立品牌等提供有力的支撑和保障。

引进海外创新团队和领军人才

2. 科技创新合作取得显著成效

秉承"互学互鉴"的"丝绸之路精神",通过打好科技"特色牌",配合讲好"中国故事",培养一批互知互信的科技人才,促进沿线国家"民心相通",为科技创新合作奠定了人脉和理念基础。目前,我国已为合作国家和地区培养了上万名科学技术和管理人才,与沿线国家共建了一批联合实验室或联合研究中心,科技园区合作已成为我国高技术产业发展的一张国际名片;建设了面向东盟、南亚、中亚、阿拉伯国家、中东欧等地区和国家的一系列区域和双边技术转移中心及创新合作中心,区域技术转移协作网络已初步形成,"一带一路"科技创新合作已取得显著成效。

其中,科技部近年来实施了"亚非杰出青年科学家来华工作计划"、中国与以色列的"青年创新领袖计划",并举办了200多个发展中国家技术培训班。同时,支持建设了中国—蒙古生物高分子应用联合实验室等多个联合研究平台,并积极与埃及、印尼、巴基斯坦、斯里兰卡等国家在水资源、生物技术、高温气冷堆、棉花生物技术等领域筹备建设联合实验室,开展高水平联合研究。

我国通过高新区提速经济发展的经验和做法也受到亚非发展中国家的广泛关注,已有包括埃及、伊朗、蒙古、泰国、老挝等在内的多个亚非国家向我国明确提出开展科技园区合作的需求。我国已与部分国家签署了合作协议,将在科技园区规划、建设、管理等各方面开展合作。

2015年12月22日,海外人才考察团实地考察广州大学城—广州国际创新城

我国科技实力的提升离不开国际科技创新合作和科技外交的支撑。通过开展国际科技合作,我国解决了一系列技术瓶颈,并通过中外创新对话等机制增信释

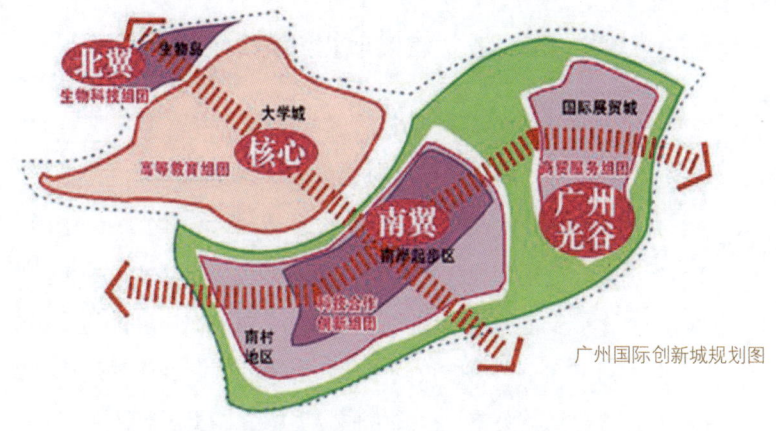

广州国际创新城规划图

疑,为推动经济转型发展创造了良好的国际环境。截至目前,我国已经与158个国家、地区和国际组织建立了科技合作关系,签订了111个政府间的科技合作协定,加入了200多个政府间的国际科技合作组织。

下一步,我国将面向沿线国家的科技管理人员、科研人员、技术人员、科技组织人员等科技人力资源,针对重点科技领域,加强与沿线国家科技界之间的广泛交流与互动,鼓励和支持沿线国家来华开展创新创业合作和交流。5年内吸引2500人次沿线国家的青年科学家来华从事短期科研工作,培训沿线国家科技和管理人员5000人次,青少年科普交流达到1000人次,援建若干流动科技馆,推出一批科普展,与沿线国家的民间科技组织共建区域合作组织20个……此外,科技部还将通过支持杰出青年科学家来华工作、举办适用技术及科技管理培训班、促进科技人员交流和青少年科普交流、搭建国际科技组织平台、加强科技创新政策沟通等方式,加强人文交流。这一系列的举措,无疑将大幅度提高我国与"一带一路"沿线国家科技和人文交流的规模和质量,形成多层次、多元化的科技和人文交流机制。

"一带一路"建设取得新进展

共建"一带一路"倡议借用"古丝绸之路"的历史符号,融入了新的时代内涵,既是维护开放型世界经济体系,实现多元、自主、平衡和可持续发展的中国方案;也是深化区域合作,加强文明交流互鉴,维护世界和平稳定的中国主张;更体现了中国作为最大的发展中国家和全球第二大经济体,对推动国际经济治理体系朝着公平、公正、合理方向发展的责任担当。

几年来,中国积极推动共建"一带一路"倡议与"一带一路"沿线国家的国家战略、发展愿景、总体规划等有效对接,寻求共建"一带一路"的合适切入点。截至2016年底,已有100多个国家表达了对共建"一带一路"倡议的支持和参与意愿,中国与39个国家和国际组织签署了46份共建"一带一路"合作协议,涵盖互联互通、产能、投资、经贸、金融、科技、社会、人文、民生、海洋等合作领域。2015年7月10日,上海合作组织发表了《上海合作组织成员国元首乌法宣言》(乌法是俄罗斯最大的经济、文化、运动、科学和宗教中心之一,非常重要的交通枢纽。2015年7月,上海合作组织峰会和金砖峰会在这里举办),支持中国关于建设"丝绸之路经济带"的倡议。2016年11月17日,联合国193个会员国协商一致通过决议,欢迎共建"一带一路"等经济合作倡议,呼吁国际社会为"一带一路"建设提供安全保障环境。2017年3月17日,联合国安理会一致通过第2344号决议,呼吁国际社会通过"一带一路"建设加强区域经济合作。中国积极履行国际责任,在共建"一带一路"框架下深化与各有关国际组织的合作,与

联合国安理会

联合国安全理事会是《联合国宪章》所设六个主要机关之一。其组织形式使之可以持续地工作,而安理会每一理事国都必须始终有一名代表驻在联合国总部。是唯一有权采取军事行动的联合国机构。根据《联合国宪章》,安全理事会负有维护国际和平与安全的首要责任。安理会有15个理事国,每一理事国有一个投票权。所有理事国都有义务履行安理会的决定。

联合国开发计划署、亚太经社会、世界卫生组织签署了共建"一带一路"的合作文件。

结合古代陆海丝绸之路的走向,中国确定了共建"一带一路"的五大走向。"丝绸之路经济带"有三大走向:①从中国西北、东北经中亚、俄罗斯至欧洲、波罗的海;②从中国西北经中亚、西亚至波斯湾、地中海;③从中国西南经中南半岛至印度洋。"21世纪海上丝绸之路"有两大走向:①从中国沿海港口过南海,经马六甲海峡到印度洋,延伸至欧洲;②从中国沿海港口过南海,向南太平洋延伸。

太平洋岛国组团参加广东"21世纪海上丝绸之路"国际博览会

太平洋岛国包括斐济群岛、基里巴斯、马绍尔群岛、密克罗尼西亚联邦、瑙鲁、帕劳、萨摩亚、所罗门群岛、汤加、图瓦卢、瓦努阿图等海岛国家。

按照共建"一带一路"的合作重点和空间布局,中国也提出了"六廊六路多国多港"的合作框架。"六廊"是指新亚欧大陆桥、中蒙俄、中国—中亚—西亚、中国—中南半岛、中巴和孟中印缅六大国际经济合作走廊。"六路"是指铁路、公路、航运、航空、管道和空间综合信息网络,是基础设施互联互通的主要内容。

联合国

是第二次世界大战后成立的国际组织,是一个由主权国家组成的国际组织,总部设立在美国纽约。1945年10月24日,在美国旧金山签订生效的《联合国宪章》,标志着联合国正式成立。联合国致力于促进各国在国际法、国际安全、经济发展、社会进步、人权及实现世界和平方面的合作。现共有193个成员国,其中亚洲39个,非洲54个,东欧及独联体国家28个,西欧23个,拉丁美洲33个,北美、大洋洲16个,包括所有得到国际承认的主权国家,此外还有2个观察员国(梵蒂冈和巴勒斯坦)。联合国的五大常任理事国有:美国、俄罗斯、英国、法国和中华人民共和国。联合国在维护世界和平,缓和国际紧张局势,解决地区冲突方面,在协调国际经济关系,促进世界各国经济、科学、文化的合作与交流方面,都发挥着相当积极的作用。

亚太经社会

联合国亚洲及太平洋经济社会委员会,简称亚太经社会,是联合国经济社会理事会下属的五个区域委员会之一,其主要职能是通过区域和次区域合作促进本地区社会经济的发展。

"多国"是指一批先期合作国家。"一带一路"沿线有众多国家,中国既要与各国平等互利合作,也要结合实际与一些国家率先合作,争取有示范效应,体现"一带一路"倡议的合作成果,吸引更多国家参与共建"一带一路"。"多港"是指若干保障海上运输大通道安全畅通的合作港口,通过与"一带一路"沿线国家共建一批重要港口和节点城市,进一步繁荣海上合作。"六廊六路多国多港"是共建"一带一路"的主体框架,为各国参与"一带一路"合作提供了清晰的导向。

1. 促进基础设施互联互通

共建"一带一路"以政策沟通、设施联通、贸易畅通、资金融通、民心相通为主要内容,既开展互联互通、产能合作、贸易投资等重点领域的务实合作,也重视推动沿线国家之间多种形式的人文交流,实现经济和文化的共同繁荣发展。在加强基础设施建设方面,推动跨国、跨区域的互联互通是共建"一带一路"的优先合作方向。中国政府鼓励实力强、信誉好的企业走出国门,在"一带一路"沿线国家开展铁路、公路、港口、电力、信息通信等基础设施建设,促进地区互联互通,造福广大民众。

中国与"一带一路"沿线国家对接基础设施建设规划,建立由主管部门牵头的双多边互联互通的政策协商和对话机制,同时重视发展互联互通伙伴关系,并将加强基础设施互联互通纳入共建"一带一路"合作协议。在尊重相关方主权和关切的基础上,推动与"一带一路"相关国家在标准、计量和认证认可体系方面的合作。先后发布了《标准联通"一带一路"行动计划

产能合作

所谓产能合作,是指两个存在意愿和需要的国家或地区之间进行产能供求跨国或者跨地区配置的联合行动。一般来说,产能合作通常会以两个渠道进行:一是通过产品输出实现产能的跨国或跨地区转移,二是通过产业转移实现产能的跨国或跨地区转移。

（2015—2017年）》《共同推动认证认可服务"一带一路"建设的愿景与行动》《"一带一路"计量合作愿景和行动》，推进认证认可和标准体系对接，共同制定国际标准和认证认可规则。

在交通设施和项目建设方面，中国与"一带一路"沿线15个国家签署了包括《上海合作组织成员国政府间国际道路运输便利化协定》《关于沿亚洲公路网国际道路运输政府间协定》在内的16个双多边运输便利化协定，启动《大湄公河次区域便利货物及人员跨境运输协定》便利化措施，通过73个陆上口岸开通了356条国际道路运输线路。与"一带一路"沿线47个国家签署了38个双边和区域海运协定，与62个国家签订了双边政府间航空运输协定，民航直航已通达43个国家。中老铁路、匈塞铁路、中俄高铁、印尼雅万高铁、巴基斯坦的白沙瓦至卡拉奇高速公路、中巴喀喇昆仑公路二期升级改造、比雷埃夫斯港、汉班托塔港、瓜达尔港等标志性项目建设取得了进展。埃塞俄比亚亚的斯亚贝巴—吉布提铁路建成通车，这是非洲第一条跨国电气化铁路。哈萨克斯坦南北大通道TKU公路、白俄罗斯铁路电气化改造，以及中国企业在乌兹别克斯坦、塔吉克斯坦实施的铁路隧道等项目，将有效提升所在国的运输能力。"一带一路"沿线国家共同推进跨境光缆等通信网络建设，提高国际通信互联互通水平。截至2016年底，中国通过国际海缆可连接美洲、东北亚、东南亚、南亚、大洋洲、中东、北非和欧洲地区，通过国际陆缆连接俄罗斯、蒙古国、哈萨克斯坦、吉尔吉斯斯坦、塔吉克斯坦、越南、老挝、缅甸、尼泊尔、印度等国，延伸覆盖中亚、东南亚、北欧地区。

2. 提升经贸合作水平

目前，中国与"一带一路"沿线国家已经建立了紧密的经贸联系，有力地促进了各国经济和产业的发展。一方面，与"一带一路"沿线国家贸易规模和结构持续优化，货物贸易平稳增长，服务贸易合作出现新亮点。在全球贸易持续低迷的背景下，2016年中国与"一带一路"沿线国家货物贸易总额9478亿美元，占同期中国货物进出口总额的25.7%。与"一带一路"沿线国家的服务进出口总额1222亿美元，占同期中国服务进出口总额的15.2%，比2015年提高了3.4个百分点。在产业转型升级、内需持续增长和消费需求升级的多重驱动下，中国巨大的国内市场也为"一带一路"沿线各国提供了广阔的经贸合作机遇。

中国与"一带一路"沿线国家共同推进海关大通关体系建设，与沿线海关开展"信息互换、监管互认、执法互助"合作。启动国际贸易"单一窗口"试点，加快检验检疫通关一体化建设，实现"进口直通、出口直放"。与"一带一路"沿线国家和地区签署了78项合作文件，推动工作制度对接、技术标准协调、检验结果互认、电子证书联网。

在扩大产能与投资合作方面，中国政府支持本国优势产业走出去，以严格的技术和环保标准，在"一带一路"沿线国家开展多元化投资，培育双边经济合作新亮点。截至2016年底，中国已同哈萨克斯坦、埃塞俄比亚等27个国家签订了国际产能合作文件，与东盟10国发表《中国—东盟产能合作联合声明》，与湄公河5国发表《澜沧江—湄公河国家产能合作联合声明》，开展了规划、政策、信息、项目等多种形式的对接合作。中国在沿边省区设立了7个重点开发开放试验区、17个边境经济合作区和2个双边边境经济合作区，并与尼泊尔、缅甸、蒙古国、越南等周边国家就双边边境经济合作区建设开展了深入磋商，取得了积极进展。中国企业正在"一带一路"沿线20个国家建设的56个经贸合作区，累计投资超过185亿美元。中白工业园、泰中罗勇工业园、埃及苏伊士经贸合作区等境外园区建设成效显著，成为中国企业集群式走出去的平台和友好合作的象征。

"一带一路"沿线国家也成为中国对外投资的重要目的地。2016年，中国对这一区域投资145亿美元，占同期对外投资总额的8.5%，新签署对外承包工程合同额1260亿美元，增长36%。双边投资保护协定谈判进程加快，截至2016年底，中国与"一带一路"沿线53个国家签署了双边投资协定，与大部分国家建立了经贸和投资合作促进机制。中国还与"一带一路"沿线54个国家签署了避免双重征税协定，共同为企业享有税收公平待遇、有效解决纠纷创造了良好的税收和法律环境。

2016年9月8日，第19届中国国际投资贸易洽谈会在厦门举行

3. 拓展金融合作空间

中国与"一带一路"沿线国家及有关机构开展了多种形式的金融合作，推动金融机构和金融服务网络化布局，创新融资机制，支持"一带一路"建设。

2015年12月25日，中国倡议的亚洲基础设施投资银行（以下简称亚投行）正式成立，法定资本1000亿美元，重点支持地区互联互通和产业发展。截至2016年底，亚投行已为9个项目提供了17亿美元贷款，涉及印度尼西亚、塔吉克斯坦、巴基斯坦、孟加拉国等国的能源、交通和城市发展等急需项目。中国出资400亿美元设立了"丝路基金"，首期注册资本金100亿美元，通过以股权为主的多种方式为共建"一带一路"提供资金支持。截至2016年底，"丝路基金"已签约15个项目，承诺投资额累计约60亿美元，项目覆盖俄罗斯、蒙古国及中亚、南亚、东南亚等地区，涵盖基础设施、资源利用、产能合作、金融合作等领域。"丝路基金"还出资20亿美元设立了"中哈产能合作基金"。中国提出中国—中东欧协同投融资框架，包括100亿美元专项贷款、中东欧投资合作基金在内的多种融资机制共同发挥作用，为中东欧地区提供融资支持。中国工商银行牵头成立了中国—中东欧金融控股有限公司，并设立"中国—中东欧基金"。

中国政府鼓励开发性、政策性金融机构积极参与"一带一路"金融合作。共建"一带一路"倡议提出以来，中国国家开发银行在"一带一路"沿线国家签约项目100余个，金额超过400亿美元，发放贷款超过300亿美元；中国进出口银行在"一带一路"沿线国家签约项目1100余个，金额超过1000亿美元，发放贷款超过800

经济腹地与腹地经济

简单地说，经济腹地就是一个经济中心所能辐射到的整个区域。经济中心常常是商业中心，而它的腹地就是支撑它的各种工业、加工业活动以及资源、能源、原材料来源的区域，像上海、杭州是长三角经济中心，而整个长三角地区都是它们的经济腹地。

腹地经济其实就是这个概念的不同角度描述，就是形容这样一种一个或几个中心辐射一片区域的经济模式。

亿美元；中国出口信用保险公司承保"一带一路"沿线国家出口和投资超过3200亿美元。截至2016年底，共有9家中资银行在"一带一路"沿线26个国家设立了62家一级分支机构，"一带一路"沿线20个国家的54家银行在华设立了6家子行、20家分行和40家代表处。建立人民币跨境支付系统（CIPS），为境内外金融机构从事人民币业务提供服务。中国已与"一带一路"沿线22个国家和地区签署了本币互换协议，总额达9822亿元人民币。人民币业务清算行已有23家，其中6家在"一带一路"沿线。

4. 有序推进海上合作

共建"21世纪海上丝绸之路"重点依托海上合作，发展海上贸易、互联互通和海洋经济，打造一批海上合作支点港口，维护海上大通道的安全畅通。同时，中国与"一带一路"沿线国家开展了海洋科技、海洋生态环境保护、海洋防灾减灾、海上执法安全等多领域合作。一方面，与有关国家合作建设支点港口，发挥中国的经验优势，帮助东道国发展临港产业和腹地经济。中国企业克服困难，修复和完善瓜达尔港港口生产作业能力，积极推进配套设施建设，大力开展社会公益事业，改善了当地民众生活。中方承建的斯里兰卡汉班托塔港项目进展顺利，建成后将有力地促进斯里兰卡南部地区经济发展和民生就业。

在海洋经济合作方面，马来西亚马六甲临海工业园建设加快推进，缅甸皎漂港"港口+园区+城市"综合一体化开发取得进展。中国与荷兰合作开发海上风力发电，与印尼、哈萨克斯坦、伊朗等国的海水淡化合作项

> **临港产业**
>
> 临港产业是指地理位置临近港口、凭借港口资源优势发展起来的相关产业。临港产业可进一步分类为临港直接产业、临港关联产业、临港依存产业和临港派生产业。临港直接产业主要是指港口的装卸业；临港关联产业主要是指分布在港口装卸主业前后不同部位的关联产业，如海运业、集疏运业、仓储物流业等；临港依存产业主要是指依托港口而布局的产业，如石化、钢铁、造船、造纸、贸易等产业；临港派生产业是为临港直接产业、临港关联产业、临港依存产业经济活动服务的金融、保险、地产、商业、饮食等服务业。

目正在推动落实。此外，中国与泰国、马来西亚、柬埔寨、印度、巴基斯坦等国建立了海洋合作机制，积极推进中泰气候与海洋生态系统联合实验室、中巴联合海洋科学研究中心、中马联合海洋研究中心建设，在海洋与气候变化观测研究、海洋和海岸带环境保护、海洋资源开发利用、典型海洋生态系统保护与恢复、海洋濒危动物保护等多领域开展了合作。成立中国—中东欧海运合作秘书处，在华设立国际海事组织海事技术合作中心。建立泛北部湾经济合作机制、中国—东南亚国家海洋合作论坛、东亚海洋合作平台、中国—东盟海事磋商机制、中国—东盟港口发展与合作论坛、中国—东盟海洋科技合作论坛、中国—东盟海洋合作中心、中国—马来西亚港口联盟。

5. 深化人文社会及其他领域交流合作

"一带一路"建设也为民众友好交往和商贸、文化、教育、旅游等活动带来了便利和机遇。中国支持开展多层次、多领域的人文交流合作，推动文明互学互鉴和文化融合创新，努力构建不同文明相互理解、各国民众相知相亲的和平发展格局。在教育文化合作方面，实施《推进共建"一带一路"教育行动》，中国每年向"一带一路"沿线国家提供1万个政府奖学金名额。共建"一带一路"倡议提出以来，中国与"一带一路"沿线国家共同举办"国家文化年"等人文交流活动20次，签署了43项文化交流执行计划等政府间的合作协议。截至2016年底，中国在"一带一路"沿线国家设立了30个中国文化中心，新建了一批孔子学院。举办"丝绸之路（敦煌）国际文化博览会""丝绸之路国际艺术节"

"海上丝绸之路国际艺术节"等活动。中国与哈萨克斯坦、吉尔吉斯斯坦联合申报世界文化遗产"丝绸之路：长安—天山廊道的路网"获得成功。推动"海上丝绸之路"申报世界文化遗产，弘扬妈祖海洋文化。

在科技合作方面，中国政府与"一带一路"沿线国家签署了46项政府间科技合作协定，涵盖农业、生命科学、信息技术、生态环保、新能源、航天、科技政策与创新管理等领域。设立联合实验室、国际技术转移中心、科技园区等科技创新合作平台。建设中国—东盟海水养殖技术联合研究与推广中心、中国—南亚和中国—阿拉伯国家技术转移中心等一批合作实体，发挥科技对共建"一带一路"的提升和促进作用。强化科技人文交流机制，仅2016年就通过"杰出青年科学家来华工作计划"资助来自印度、巴基斯坦、孟加拉国、缅甸、蒙古、泰国、斯里兰卡、尼泊尔、埃及、叙利亚等国100多名科研人员在华开展科研工作。

在旅游及卫生健康合作方面，中国与"一带一路"沿线国家互办"旅游年"，开展各类旅游推广与交

妈祖海洋文化

妈祖文化是劳动人民千百年来尊崇、信仰妈祖过程中遗留和传承下来的物质及精神财富的总称，是中华民族重要文化瑰宝之一。作为中国海洋文化的代表，妈祖文化近千年来一直与我国诸多和平外交活动、海上交通贸易有着密切关联。妈祖是流传于中国沿海地区的传统民间信仰。妈祖文化肇于宋、成于元、兴于明、盛于清、繁荣于近现代，妈祖文化体现了中国海洋文化的一种特质。历史上宋代出使高丽、元代海运漕运、明代郑和下西洋、清代复台定台，这一切都体现海洋文化的特征。中国民间在海上航行要先在船舶启航前要先祭妈祖，祈求保佑顺风和安全，在船舶上立妈祖神位供奉。这就是"有海水处有华人，华人到处有妈祖"的真实写照。而影响所及，妈祖由航海关系而演变为"海神""护航女神"等，因此形成了海洋文化史中最重要的中国民间信仰崇拜神之一。随着2009年"妈祖信俗"被联合国教科文组织列入《人类非物质文化遗产代表作名录》，妈祖文化更是成为全人类尤其是"21世纪海上丝绸之路"沿线国家共有的精神财富。

2016年11月7日，2016"一带一路"科技创新国际研讨会在北京举行

流活动，相互扩大旅游合作规模。举办世界旅游发展大会、丝绸之路旅游部长会议、中国—南亚国家旅游部长会议、中俄蒙旅游部长会议、中国—东盟旅游部门高官会等对话合作，初步形成了覆盖多层次、多区域的"一带一路"旅游合作机制。实施中非公共卫生合作计划、中国—东盟公共卫生人才培养百人计划等41个项目。推动与"一带一路"沿线国家在传统医药领域更大的交流合作，设立中捷（克）中医中心等16个中医药海外中心，与15个国家签署了中医药合作协议。中国还与巴基斯坦、俄罗斯、菲律宾、塞尔维亚等"一带一路"沿线55个国家缔结了涵盖不同护照种类的互免签证协定，与哈萨克斯坦、捷克、尼泊尔等15个国家达成19份简化签证手续的协定或安排，阿联酋、伊朗、泰国等22个国家单方面给予中国公民免签或办理落地签证入境待遇。

"一带一路"国际合作高峰论坛描绘美好蓝图

中国国家主席习近平于2013年提出了共建"丝绸之路经济带"和"21世纪海上丝绸之路"的重要合作倡议，近4年来，"一带一路"建设进展顺利，成果丰硕，受到国际社会的广泛欢迎和高度评价。2017年5月14日至15日，中国在北京主办"一带一路"国际合作高峰论坛。这是各方共商、共建"一带一路"，共享互利合作成果的国际盛会，也是加强国际合作，对接彼此发展战略的重要合作平台。

在论坛开幕式上，习近平主席发表了题为《携手推进"一带一路"建设》的主旨演讲。在这篇6000多字的演讲中，习近平主席深刻阐述了"丝路精神"的准确

"一带一路"国际合作高峰论坛

2017年5月14日,国家主席习近平在北京出席开幕式,并发表题为《携手推进"一带一路"建设》的主旨演讲。

内涵,全面总结了"一带一路"建设近4年来取得的丰硕成果,并站在当今世界发展新的时间节点上,顺乎时代潮流,以解决世界现实问题的智慧与担当,回答了建设什么样的"一带一路"以及怎样建设好"一带一路"等重大问题,不仅为"一带一路"倡议描绘出更加令人期待的蓝图,也为当今这个大发展大变革大调整的变迁时代,注入了新的动力。

习近平主席说,从历史维度看,人类社会正处在一个大发展大变革大调整的时代。世界多极化、经济全球化、社会信息化、文化多样化深入发展,和平发展的大势日益强劲,变革创新的步伐持续向前。各国之间的联系从来没有像今天这样紧密,世界人民对美好生活的向往从来没有像今天这样强烈,人类战胜困难的手段从来没有像今天这样丰富。从现实维度看,我们正处在一个挑战频发的世界。世界经济增长需要新动力,发展需要更加普惠平衡，贫富差距鸿沟有待弥合。地区热点持续动荡，恐怖主义蔓延肆虐。和平赤字、发展赤字、治理赤字，是摆在全人类面前的严峻挑战。

习近平主席说，提出"一带一路"倡议近4年来，全球100多个国家和国际组织积极支持和参与"一带一路"建设，联合国大会、联合国安理会等重要决议也纳入"一带一路"建设内容。"一带一路"建设逐渐从理念转化为行动，从愿景转变为现实，建设成果丰硕。中国同"一带一路"参与国大力推动贸易和投资便利化，不断改善营商环境。2014年至2016年，中国同"一带一路"沿线国家贸易总额超过3万亿美元。中国对"一带一路"沿线国家投资累计超过500亿美元。中国企业已经在20多个国家建设了56个经贸合作区，为有关国家创造近11亿美元税收和18万个就业岗位。中国同"一带一路"建设参与国和组织开展了多种形式的金融合作。亚洲基础设施投资银行已经为"一带一路"建设参与国的9个项目提供17亿美元贷款，"丝路基金"投资达40亿美元。"一带一路"建设参与国弘扬"丝绸之路精神"，开展"智力丝绸之路""健康丝绸之路"等建设，在科学、教育、文化、卫生、民间交往等各领域广泛开展合作，为"一带一路"建设夯实民意基础，筑牢社会根基。中国政府每年向相关国家提供1万个政府奖学金名额，地方政府也设立了"丝绸之路"专项奖学金，鼓励国际文教交流。各类"丝绸之路"文化年、旅游年、艺术节、影视桥、研讨会、智库对话等人文合作项目异彩纷呈，人们往来频繁，在交流中拉近了心与心的距离。

习近平主席指出，"一带一路"建设已经迈出坚实的步伐,要乘势而上、顺势而为,推动"一带一路"建设行稳致远,迈向更加美好的未来;要将"一带一路"建成和平之路、繁荣之路、开放之路、创新之路、文明之路。

习近平主席说,发展是解决一切问题的总钥匙。推进"一带一路"建设,要聚焦发展这个根本性问题,释放各国发展潜力,实现经济大融合、发展大联动、成果大共享。习近平主席说,产业是经济之本,金融是现代经济的血液,设施联通是合作发展的基础。要深入开展产业合作,推动各国产业发展规划相互兼容、相互促进,抓好大项目建设,加强国际产能和装备制造的合作,抓住新工业革命的发展新机遇,培育新业态,保持经济增长活力。要建立稳定、可持续、风险可控的金融保障体系,创新投资和融资模式,推广政府和社会资本的合作,建设多元化融资体系和多层次资本市场,发展普惠金融,完善金融服务网络。要着力推动陆上、海上、天上、网上四位一体的联通,聚焦关键通道、关键

和平赤字

当前,世界局势的演变正向多极化推进,新兴大国与传统大国实力差距缩小,西方价值观长期以来占有的优势逐渐弱化,全球化与逆全球化潮流混杂,族群冲突与跨国争端频发,极端主义与恐怖主义无缝不入,信息犯罪大量发生,和平受到的破坏在广度与深度上比过去任何时候都更具有不确定性,威胁来源也比以往更加复杂与多元。霸权主义与强权政治依然横行,"新干涉主义"给世界和平造成威胁。以美国为首的西方国家以"人权""民主"和"自由"标榜,以解救世界人民于水深火热之中为己任,这种单方面的干涉是霸权主义和强权政治在新的时代最为直观的体现。

"一带一路"高峰论坛文艺演出现场

城市、关键项目，联结陆上公路、铁路道路网络和海上港口网络。要抓住新一轮能源结构调整和能源技术变革趋势，建设全球能源互联网，实现绿色低碳发展。

习近平主席指出，要坚持创新驱动发展，加强在数字经济、人工智能、纳米技术、量子计算机等前沿领域的合作，推动大数据、云计算、智慧城市建设，连接成"21世纪的数字丝绸之路"。要促进科技同产业、科技同金融的深度融合，优化创新环境，集聚创新资源。要为互联网时代的各国青年打造创业空间、创业工场，成就未来一代的青春梦想。要践行绿色发展的新理念，倡导绿色、低碳、循环、可持续的生产生活方式，加强生态环保合作，建设生态文明，共同实现2030年可持续发展的目标。要建立多层次的人文合作机制，搭建更多合作平台，开辟更多合作渠道。要推动教育合作，扩大互派留学生的规模，提升合作办学的水平。要发挥智库作用，建设好智库联盟和合作网络。在文化、体育、卫生领域，要创新合作模式，推动务实项目。要用好历史文化遗产，联合打造具有"丝绸之路"特色的旅游产品和遗产保护。

"一带一路"国际合作高峰论坛圆桌峰会也发表了《联合公报》，分析了时代背景，明确了合作目标及"平等协商、互利共赢、和谐包容、市场运作、平衡和可持续"五项合作原则，提出了"加强对话协商，促进各国发展战略对接""加强创新合作，支持电子商务、数字经济、智慧城市、科技园区等领域的创新行动计划""推动在公路、铁路、港口、海上和内河运输、航空、能源管道、电力、海底电缆、光纤、电信、信息通信技术等领域的务实合作"
"深化经贸合作，维护多边贸易体制的权威和效力"
"加强环境、生物多样性、自然资源保护、应对气候变化、抗灾、减灾、提高灾害风险管理能力、促进可再生能源和能效等领域合作"等方面的合作举措。

"一带一路"国际合作高峰论坛举行圆桌会议

正如国家主席习近平在"一带一路"国际合作高峰论坛欢迎宴会上所说，传承"古丝绸之路精神"，共商"一带一路"建设，是历史潮流的延续，也是面向未来的正确抉择。"一带一路"建设正站在新的起点上，开启新的征程。

"'一带一路'建设承载着我们对文明交流的渴望，将继续担当文明沟通的使者，推动各种文明互学互鉴，让人类文明更加绚烂多彩。

"'一带一路'建设承载着我们对和平安宁的期盼，将成为拉近国家间关系的纽带，让各国人民守望相助，各国互尊互信，共同打造和谐家园，建设和平世界。

"'一带一路'建设承载着我们对共同发展的追求，将帮助各国打破发展瓶颈，缩小发展差距，共享发展成果，打造甘苦与共、命运相连的发展共同体。

"'一带一路'建设承载着我们对美好生活的向往，将把每个国家、每个百姓的梦想凝结为共同愿望，让理想变为现实，让人民幸福安康。"

广东探索

建设"21世纪海上丝绸之路"的

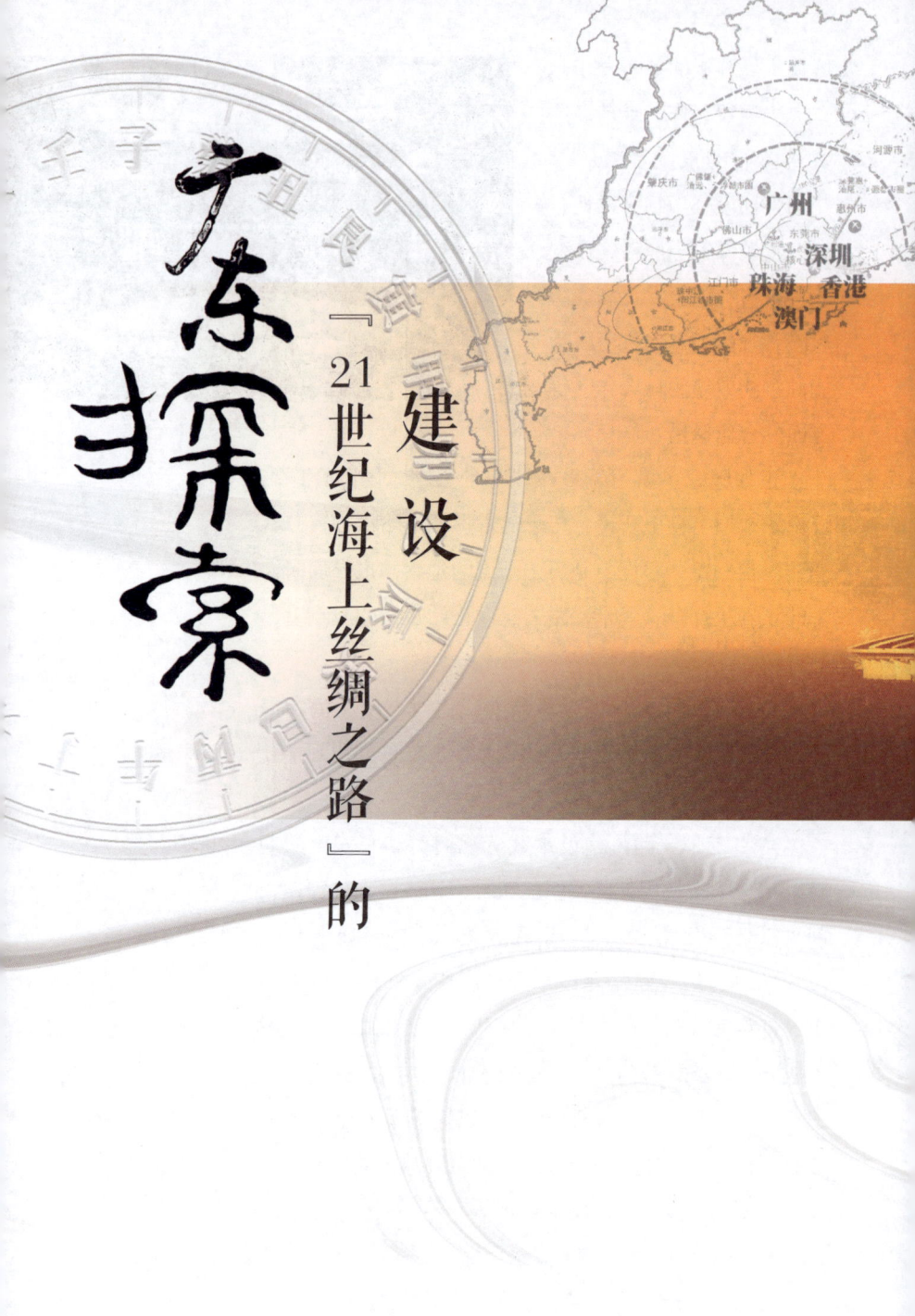

"领潮争先"的海洋文化

广东是"海上丝绸之路"历史最长、港口最多、航线覆盖面最广的大省,是接受海洋文化最直接、最丰富、最充分的大省,是毗邻沿海各国及地区的经济大省、海洋大省、文化大省。作为我国古代"海上丝绸之路"最早始发港所在地,广东具有突出的海洋文化特征,既有开放性又有包容性,与世界文明交汇互动。科学发展、先行先试、服务全国、走向世界的精神风貌,展现了广东在新世纪高速发展和展翅腾飞的雄伟气势,突出了国际化、现代化和创新精神。

1. 海洋文化掀起三次浪潮

广东是海洋大省,海域面积42万平方千米,是陆域面积的2.3倍;大陆海岸线4114千米,居全国首位。同时,广东也是全国海洋经济大省,海洋经济总量连续

1810年象牙油画《黄埔锚地》

18年位列全国第一。作为我国海岸线最长的省份,广东长期以来以其特殊的地理位置和优越的区位条件,始终在"海上丝绸之路"上占有极重要的地位,始终处在中国海上对外经济文化交流的前沿,历经2000多年而长盛不衰,创造了中国海洋文明诸多的"历史之最"。

广东发展海洋经济如火如荼

广东省政府特聘参事、广东省珠江文化研究会创会会长、中山大学教授黄伟宗认为,广东改革开放30多年的历程,实质上是世界海洋文化浪潮在广东及珠三角(一般指珠江三角洲,位于广东省中南部,包括广州、深圳、佛山、中山、惠州、东莞、珠海、江门、肇庆及深汕特别合作区。)流域掀起的历程。自20世纪80年代以来,广东海洋文化掀起了三次具有跨越"龙门"性质的大浪潮。

第一次浪潮是20世纪80年代至90年代中期的特区浪潮,主要标志是设立经济特区和开放沿海城市。黄伟宗表示,选择深圳、珠海、汕头等城市作为对外开放的经济特区,这本身就具有海洋文化的意识和内涵,因为这些城市在南海之滨,自古以来就是广东以至中国对外

"海上丝绸之路"最早始发港

汉武帝曾派人招募海员从徐闻(今广东湛江市徐闻县)、合浦(今广西合浦)港出海,经过日南(今越南)沿海岸线西行,到达黄支国(今印度境内)、已不程国(今斯里兰卡),随船带去的主要有丝绸和黄金等物。这些丝绸再通过印度转销到中亚、西亚和地中海各国。《汉书·地理志》记载:"自日南障塞、徐闻、合浦,船行可五月有都元国,又船行可四月有邑卢没国,又船行可二十余日有谌离,步行可十余日有夫甘都卢国,船行可二月有黄支国……有译长,属黄门,与应募者俱入海,市明珠、璧、琉璃、奇石异物,赍黄金杂缯而往所至。"这是"海上丝绸之路"最早的记载,表明徐闻是汉代海上丝绸之路最早始发港。

开放的桥头堡，与海外交往便捷。而从改革开放初期采取的措施及其成效来看，"敢为天下先""杀出一条血路来"和"摸着石头过河"的思想，正是海洋文化意识和精神的典型体现；引入外资和市场经济，是在思维方式和行为方式上接受了海洋经济，也是海洋文化的实质行为；所提出的"时间就是金钱，效率就是生命"等口号，深具海洋文化精髓。

第二次浪潮是21世纪初开始的泛珠三角浪潮，主要标志是珠三角的崛起和泛珠三角合作区域的形成。世界海洋经济与文化在特区登陆后，从珠江口进一步扩展，在珠三角形成新的海洋经济及文化城市群，并发展为粤港澳构建的"大珠三角"，进而扩展为9+2"泛珠

时间就是金钱，效率就是生命

这是改革开放以来最响亮的口号，于1980年由时任蛇口管委会主任袁庚提出，被誉为"冲破思想禁锢的第一声春雷"。那块当年立在蛇口工业区马路边的标语牌，现在已被送进博物馆，但在当时却被认为是"资本主义复辟"。

三角"。这次浪潮,以大文化理念和自觉的文化意识,冲击和取代沉积多年的狭隘地域观念;以水域文化为纽带,引入并扩展海洋经济与文化的综合力和自主创新力,强化区域的交流与合作;以自觉的海洋文化意识指导决策,提出建设文化大省、教育强省、科技强省、和谐广东等口号,这些都是世界海洋文化理念的新体现和再创造。

第三次浪潮于2008年拉开序幕,主要标志是用新一轮思想大解放带动新一轮大发展,以世界眼光实践科学发展观。这一浪潮在经济战略上,最典型的是产业和劳动力"双转移"的重大举措;在指导思想上,强调

泛珠三角

又叫"9+2",指沿珠江流域的广东、福建、江西、广西、海南、湖南、四川、云南、贵州9个省,加上香港、澳门两个特别行政区在内的11个地区合作,共谋发展。

三生共融

即注重生产、生活、生态的全方位统筹综合开发,实现海洋的科学发展,推动广东进入全新的海洋时代。

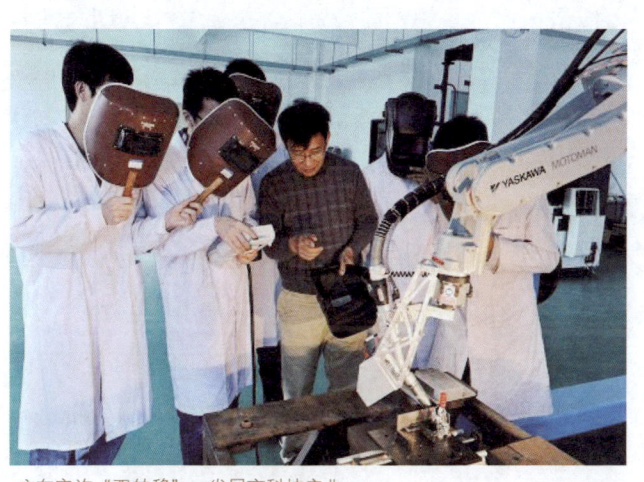

广东实施"双转移",发展高科技产业

以人为本和文化决策意识,引进西方最新的"文化软实力"理念,结合"科学技术是第一生产力"的思想,推动全局;在文化上,着力倡导当今世界最先进的创意产业。广东在"十二五"规划中提出"率先基本建成海洋强省,争当全国海洋事业科学发展排头兵"的目标,而《广东海洋经济发展试验区发展规划》也全面实施。广

东海洋经济发展试点的特色，主要体现在南海开发和"三生共融"的综合发展上。以南海海洋资源的勘探和开发，带动海洋科技和产业的发展，推动广东产业转型升级。

2. 广东加快推进"一带一路"建设

广东在中国"一带一路"建设中，尤其是"21世纪海上丝绸之路"建设中具有独特的优势。早于先秦时期，岭南地区与南海诸国已有经贸往来。作为"海上丝绸之路"最早的发祥地之一，广东是中国2000多年唯一从未中断海上贸易的省份，并始终与"海上丝绸之路"沿线诸国保持着频密的经贸联系，为中华文明与世界文明的交流发挥着重要的窗口作用。改革开放以来，广东对东盟、南亚、南太平洋国家等"海上丝绸之路"沿线国家和地区的贸易实现了跨越式发展，并逐步发展成为国内与东盟、南亚、南太平洋国家经贸合作量最大的省份之一。《广东省参与丝绸之路经济带和"21世纪海上丝绸之路"建设实施方案》提出，将围绕政策沟通、设施联通、贸易畅通、资金融通、民心相通的要求，以互利共赢为目标，联手港澳台和周边省区，务实推进与"一带一路"沿线国家的合作，将广东建设成为与沿线国家交流合作的战略枢纽、经贸合作中心和重要引擎。

其中，在促进重要基础设施互联互通方面，将充分发挥区位优势，深化港口、机场、高速公路、高速铁路和信息的国际合作，打造国际航运枢纽和国际航空门户，面向沿线国家，构筑联通内外、便捷高效的海陆空综合运输大通道。加强广州港、深圳港、珠海港、湛江港、汕头港等港口建设。结合沿线国家经贸和港口合作需求，联合国内主要港口城市与沿线国家港口城市举办港口城市发展合作论坛，建立沿线港口与物流合作机制。积极参与沿线国家港口园区建设。推动与港澳的深度合作，共同打造世界一流的粤港澳大湾区。增加广州、深圳至东南亚地区国家的国际航线和航班，开通与沿线国家主要城市的航班。加强与沿线国家信息基础设施建设的合作。

在对外贸易合作方面，广东将进一步巩固与沿线国家的良好经贸合作基础，建设一批辐射全省乃至全国的进口商品交易中心，扩大沿线国家特色产品的进口。支持企业赴沿线国家投资，在现代农业、先进制造业、现代服务业和跨国经营等方面开展深度合作。赴沿线国家设立建材、酒店用品等广东特色商品展销中心。在沿线国家筹建经贸代表处，设立商会，开展经贸洽谈会。加强与驻外商务机构、商（协）会和经贸代表处的沟通合作。举办"21世纪海上丝绸之路"国际论坛暨国际博览会，利用广交会、高交会等平台推进经贸合作。建设中国（广东）自由贸易试验区，推动与沿线国家的贸易

2017中国（广东）—越南（胡志明市）经贸合作交流会在胡志明市召开

合作。

此外，将推进海洋、能源、金融、旅游等领域的合作，加强与沿线国家在文化、科技、教育、医疗、体育等领域的交流合作。广东积极推进与沿线国家在海洋渔业、防灾减灾、生态保护等方面的合作，开展渔业技术交流与培训，建立海洋污染防治协作机制，共同开展近海海洋生态系统保护研究。利用资金和技术优势，支持电力合作及太阳能光伏发电项目，与沿线国家开展能源贸易、资源开发、节能环保合作。鼓励有条件的省内金融法人机构走出去，到沿线国家投资发展，吸引沿线国家金融机构来粤设立机构，支持双方金融机构建立沟通协调机制，开展业务合作。支持在沿线国家投资的广东企业与当地金融机构开展合作，共同发展。设立"广东丝路基金"，支持"一带一路"项目建设。与沿线国家共同发掘和保护"海上丝绸之路"历史文化遗产。积极推动教育合作和学术科研交流，支持青少年交流活动。促进公共卫生领域的信息共享、早期预警体系建设、传染病防治、突发灾难应对等方面的合作。推动政府体育部门和民间体育社团的互访，举办体育交流活动。

在深化旅游领域合作方面，广东将积极与沿线国家签订旅游合作框架协议、旅游合作备忘录等整体性协议，深化旅游业规划和资源开发、行业监管、公共服务等领域的国际合作。促进更多的广东游客到沿线国家旅游观光，支持广东企业到沿线国家开展旅游投资合作，建设旅游酒店、旅游景区及旅游基础设施。与沿线国家华人商（协）会、大型旅行企业合作，开设广东驻海外旅游合作推广中心。在广州、深圳建设国际邮轮母港，在珠海、汕头、湛江等市启动邮轮旅游开发。

从经济特区到自贸试验区建设

广东是我国改革开放的前沿阵地，其标志是经济特区的设立。1979年4月邓小平首次提出要开办"出口特区"，后于1980年3月，"出口特区"改名为"经济特区"，并在深圳加以实施。建立经济特区，可以利用外资引进技术，提高产品质量，增强产品竞争力；可以利用外商销售渠道，适应国际市场的需要和惯例，从而扩大出口，增加外汇收入；有利于引进先进技术，了解世界经济信息；有利于学习现代经营管理经验，培训管理人才；可以扩大我们走向世界的通道，开辟世界了解我国改革开放政策的窗口。

作为我国对接国际高标准贸易和投资规则的试验田，自由贸易试验区从2013年诞生之初就承载了对接国家发展战略的使命。上海、广东、天津和福建的第一、第二批自贸区分别对接长江经济带、粤港澳深度合作、京津冀协同发展、两岸经济合作等重大区域发展战略。

自由贸易试验区

自由贸易试验区（Free Trade Zone，简称FTZ）是指在贸易和投资等方面比世贸组织有关规定更加优惠的贸易安排，在主权国家或地区的关境以外，划出特定的区域，准许外国商品豁免关税自由进出。实质上是采取自由港政策的关税隔离区。狭义的指提供区内加工出口所需原料等货物的进口豁免关税的地区，类似出口加工区。广义还包括自由港和转口贸易区。

深圳经济特区建设体现开荒牛精神

2017年,新成立的辽宁、浙江、河南、湖北、四川、陕西、重庆7地自贸区,将对接长江经济带、中部崛起、西部大开发、振兴东北老工业基地等国家重大区域发展战略。自此,一个从沿海到中部再到西部的"1+3+7"自贸区战略新格局形成,以扩大开放所引领的中国自贸区改革从"齐头并进"进入"雁行阵"模式,为加快实施"一带一路"倡议提供了重要支撑。

1. 自贸区是进一步扩大对外开放的又一创举

经济特区是世界自由港区的主要形式之一,以减免关税等优惠措施为手段,通过创造良好的投资环境,鼓励外商投资,引进先进技术和科学管理方法,以达到促进特区所在国经济技术发展的目的。经济特区实行特殊的经济政策、灵活的经济措施和特殊的经济管理体制,并坚持以外向型经济为发展目标,已成为我国区域经济发展的重要形式,在我国改革开放中发挥了重要的试验和示范作用。

中国经济特区诞生于20世纪70年代末80年代初,成长于90年代。经济特区的设置,标志着中国改革开放的发展。除了深圳、珠海、汕头、厦门、海南5大综合性经济特区和上海浦东、天津滨海2个新区以外,还先后建立了54个国家级高新区、15个保税区、62个出口加工区、9个保税物流园区、13个保税港区和9个综合保税区,实际上几乎囊括了经济特区的所有主要模式。经济发展遵循从"点"到"线"再到"面"的发展路径,而经济特区是做"点"的最好形式。经济特区是中国利用境外资金、技术、人才和管理经验来发展本国和本地经济的重要手段,在我国工业化、城市化和现代化进程中

"1+3+7"自贸区战略

2013年9月至2017年3月,国务院先后批复成立中国(上海)自由贸易试验区;中国(广东)自由贸易试验区、中国(天津)自由贸易试验区、中国(福建)自由贸易试验区;中国(辽宁)自由贸易试验区、中国(浙江)自由贸易试验区、中国(河南)自由贸易试验区、中国(湖北)自由贸易试验区、中国(重庆)自由贸易试验区、中国(四川)自由贸易试验区、中国(陕西)自由贸易试验区。至此,中国形成"1+3+7"共计11个自贸区的格局。

中国（上海）自由贸易试验区

保税区

　　保税区也称保税仓库区，是一国海关设置的或经海关批准注册、受海关监督和管理的可以较长时间存储商品的区域。是经国务院批准设立的、海关实施特殊监管的经济区域。保税区的功能定位为"保税仓储、出口加工、转口贸易"三大功能。保税区具有进出口加工、国际贸易、保税仓储商品展示等功能，享有"免证、免税、保税"政策，实行"境内关外"运作方式，是中国对外开放程度最高、运作机制最便捷、政策最优惠的经济区域之一。

发挥了重要作用，成为中国实施区域经济发展战略的重要形式。

　　2013年9月27日，国务院批复成立中国（上海）自由贸易试验区，这是继经济特区后中国进一步扩大对外开放的又一创举。2015年4月20日，国务院决定扩展中国（上海）自由贸易试验区实施范围，批复成立中国（广东）自由贸易试验区、中国（天津）自由贸易试验区、中国（福建）自由贸易试验区3个自贸区。2017年3月31日，国务院批复成立中国（辽宁）自由贸易试验区、中国（浙江）自由贸易试验区、中国（河南）自由贸易试验区、中国（湖北）自由贸易试验区、中国（重庆）自由贸易试验区、中国（四川）自由贸易试验区、中国（陕西）自由贸易试验区7个自贸区。

　　中国（广东）自由贸易试验区的实施范围116.2平方千米，涵盖3个片区：广州南沙新区片区60平方千米（含广州南沙保税港区7.06平方千米）、深圳前海蛇口片区28.2平方千米（含深圳前海湾保税港区3.71平方千米）、珠海横琴新区片区28平方千米。按区域布局划分，广州南沙新区片区重点发展航运物流、特色金融、

自由贸易试验区广州南沙新区片区

国际商贸、高端制造等产业，建设以生产性服务业为主导的现代产业新高地和具有世界先进水平的综合服务枢纽；深圳前海蛇口片区重点发展金融、现代物流、信息服务、科技服务等战略性新兴服务业，建设我国金融业对外开放试验示范窗口、世界服务贸易重要基地和国际性枢纽港；珠海横琴新区片区重点发展旅游休闲健康、商务金融服务、文化科教和高新技术等产业，建设文化教育开放先导区和国际商务服务休闲旅游基地，打造促进澳门经济适度多元发展的新载体。

中国（广东）自由贸易试验区的定位是依托港澳、服务内地、面向世界，将自贸试验区建设成为粤港澳深度合作示范区、"21世纪海上丝绸之路"重要枢纽和全国新一轮改革开放先行地。目标是经过三至五年改革试验，营造国际化、市场化、法治化的营商环境，构建开放型的经济新体制，实现粤港澳深度合作，形成国际经济合作竞争新优势，力争建成符合国际高标准的法制环境规范、投资贸易便利、辐射带动功能突出、监管安全高效的自由贸易园区。

根据《中国（广东）自由贸易试验区条例》，广东自贸区将在国家确定的框架下，推进粤港澳服务贸易自由化，在金融服务、交通航运服务、商贸服务、专业服务、科技文化服务和社会服务等领域，取消或者放宽对港澳投资者的资质要求、股比限制、经营范围等准入限制措施。自贸试验区规划建设粤港澳创新产业基地和现代服务业集聚发展区，促进粤港澳服务要素的便捷流动，推进粤港澳服务行业管理标准和规则相衔接，创新粤港澳口岸通关模式，逐步试行粤港澳认证及相关检测业务的互认制度和服务业人员职业资格的互认制度。自贸试验区也扩大对港澳航运业的开放，建设粤港澳航运服务示范区，推动粤港澳航运物流服务的自由化，建立与粤港澳商贸、科技、旅游、物流、信息等服务贸易自由化相适应的金融服务体系。

广东自贸区条例还提出，将加强与港澳在项目对

2015年4月21日，广东自由贸易试验区广州南沙新区片区挂牌举行仪式

接、投资拓展、信息交流、人才培训等方面的合作，共同到境外开展基础设施建设和能源资源开发。加强与"一带一路"沿线国家自贸园区的合作，探索建立自贸试验区片区与"一带一路"沿线自贸园区之间的税收互惠制度，以及双方口岸执法机构之间以"信息互换、监管互认、执法互助"为基本内容的合作机制。建立自贸试验区对外投资综合服务平台，为境外投资风险咨询、投融资方案设计、项目风险保障、银行贷款配套等提供服务。此外，自贸试验区扩大对"一带一路"沿线国家的金融开放，推动设立人民币海外投贷基金，推动人民币作为与"一带一路"沿线国家和地区跨境大额贸易计价和结算的主要货币。鼓励金融机构完善在沿线国家自贸园区的分支机构网络，提升跨境金融服务水平。鼓励金融机构和金融管理机构组建支持企业参与"一带一路"建设的金融服务联盟。支持自贸试验区企业加强与"一带一路"沿线自贸园区和国家合作开发具有"丝绸之路"特色的旅游线路和产品，广泛开展人文交流及合作。

2. 广东自贸区建设取得良好成效

2015年4月21日，广东自贸试验区南沙片区正式挂牌，肩负起为全国新一轮改革开放探索新途径、积累新经验的历史使命，站在了我国新一轮高水平对外开放的最前沿。挂牌两年来，广州南沙、深圳前海蛇口、珠海横琴3个片区建设取得了显著成效。

其中，南沙着力提升对外开放水平，着力打造"三中心一体系"的核心功能区，着力打造现代产业新高地，着力打造区域综合交通枢纽，着力打造高水平国际化滨海城市，推动国家新区、自贸区建设取得实质性进展。一方面，着力提升对外开放水平，初步构建起市场化、国际化、法治化的营商环境。围绕促进投资贸易便利化，南沙区积极探索建立与国际投资贸易通行规则相衔接的制度框架，累计形成239项制度创新成果，其中13项在全国复制推广，56项在广东省复制推广，74项在广州市复制推广。与"一带一路"沿线国家和地区联系更加紧密。南沙片区推动建立沿线城市港口联盟，建立与世界自由区组织、迪拜机场自贸区等机构和地区的直接联系，与西咸新区、贵安新区等建立战略合作关系，强化与沿线国家和地区的国际合作及经贸往来。与国家发改委共同设立国际产能和技术合作中心，打造"一带一路"沿线国家国际产能合作新平台。

同时，南沙也依托港口核心资源优势，突出抓好载体、产业和项目建设，推动国际航运中心建设迈上新台阶，国际物流中心和贸易中心建设取得新进展，现代金融服务体系初步建立。建立跨境电商"南沙模式"，

跨境电商南沙模式

跨境电商南沙模式，是指兴起于广州南沙自贸区的"线下展示体验"与"线上下单网购"相结合的跨境电商运作新模式。在该模式中，消费者可在跨境电商直购体验中心体验各种进口实体商品，再根据体验后的感受进行网上跨境购物。

广州港南沙港区

跨境电商备案企业1130家，网购保税进口业务交易额年均增长超过100%，全国首创市场采购出口商品监管新模式，推动旅游购物出口174.27亿美元，带动外贸进出口持续增长。完善区域创新体系，面向全球特别是欧美发达国家集聚高端要素资源，推动创新型经济发展新模式的加快形成。南沙区还对标香港、新加坡等国际先进城市，高标准推进城市建设管理，以自贸区区块建设带动城市重点功能组团快速发展。目前，南沙正以加快形成区域综合交通枢纽和信息港为基础，以对接国际投资贸易通行规则和标准为支撑，以打造国际航运、贸易、金融等重大功能性战略平台为抓手，全面加强与港澳的深度合作，加快建立与世界主要经济体紧密的直接经济联系，着力营造市场化、国际化、法治化的营商环境，构建国际化互联互通网络和创新型产业体系，强化全球资源配置的能力，在对接"一带一路"、促进国际先进产能合作、试验并推出中国主导的国际经贸合作规则、加强国际交往等方面发挥一线门户的核心枢纽作用，加快建设广州南沙新区的城市副中心，打造高水平的对外开放门户枢纽，使南沙成为粤港澳大湾区城市群的核心门户城市。

2010年以来，国家先后赋予前海深港合作区及前海蛇口自贸片区14项重要使命，包括：自由贸易试验区、深港现代服务业合作区、保税港区、现代服务业示范区、社会主义法治示范区、国家人才管理改革试验区、国家金融业对外开放试验示范窗口、"一带一路"倡议支点、世界服务贸易重要基地、国际性枢纽港、跨境人民币创新业务试验区、深港人才特区、跨境电商综合试验区、中国邮轮经济试验区等。同时，国务院还统

对标

所谓"对标"就是对比标杆找差距。推行对标管理，就是要目光紧紧盯住业界最好水平，明确自身与业界最佳的差距，从而指明工作的总体方向。

前海

前海地区位于深圳南山半岛西部，伶仃洋东侧，珠江口东岸，包括南头半岛西部、宝安中心区，是"珠三角湾区"穗—深—港发展主轴上的重要节点。

广东自由贸易试验区深圳前海蛇口片区

筹设立了由国家发改委牵头,商务部等33个国家部委及香港、澳门特区政府参与的前海部际联席会议制度,构建了前海开发开放的国家决策平台。通过部际联席会议,推动前海在深港合作、金融创新、投资贸易便利化、服务业开放等领域形成一系列"比特区还要特"的先行先试政策体系,使前海成为国家新一轮改革的战略前沿、开放的热土和创新的高地,被誉为"特区中的特区"。

在制度创新方面,前海蛇口自贸片区积极推动投资管理、贸易监管、商事制度、体制机制等重点领域创新,累计推出208项制度创新成果。其中,全国首创或领先达67项;全省复制推广37项,占全省的56%。在全国率先推动实现跨境人民币贷款、跨境双向发债、跨境双向资金池和跨境双向股权投资"四个跨境",金融创新成果丰硕。此外,坚持高层次合作,"一带一路"倡议支点作用初显。推动国家国际产能合作论坛暨中国对外投资合作洽谈会永久落户前海。加快"一带一路"国际产业布局,与印尼、白俄罗斯、阿联酋、印度等多个沿线国家签订合作协议,支持招商局集团、中集等国际化企业加快在沿线国家的布局和发展。推动招商局集团建成华南地区唯一集"海、陆、空、铁"于一体的太子湾国际邮轮母港,支持招商局在全球18个国家、35个港口布局港口网络。截至2016年底,共有来自"一带一路"沿线国家中23个国家在前海蛇口自贸片区投资设立218家企业,注册资本合计49.63亿元。前海企业累计向"一带一路"国家设立企业(机构)35家,中方协议投资额达12.13亿美元。

统计显示,前海蛇口自贸片区已经成为我国发展最快、效益最好的区域之一。片区注册企业从2012年的5215家增长至2016年底的超过12万家,注册企业增加值连续两年突破1000亿元,2016年实现1416亿元,同比增长39%;固定资产投资从2012年的18.14亿元增长到2016年的388.73亿元,年均增速超过80%;合同及实际利用外资分别达到547.67亿美元和38.03亿美元,同比增长151.5%和70.6%,分列全国自贸区第一、第二。

经过两年多的建设,横琴自贸片区在政府智能化监管服务、企业专属网页建设、社会投资建设工程项目审批流程再造、通关通检合作和廉洁示范区建设五个方面的改革创新特色鲜明、成效明显。一方面,横琴片区对标世界银行评价体系,瞄准香港等营商环境最佳经济体,从方便企业营商的角度推动政府职能转变,深化制度创新、行政服务、市场监管、司法行政、廉政建设"五大体系"建设,有计划、分步骤地在重点领域和关键环节实现创新突破。另一方面,围绕粤港澳紧密合作,进一步扩大对港澳服务业的开放力度;配合澳门建设"一中心一平台",推动澳门经济适度多元化发展。目前在横琴自贸片区注册的港澳企业有1259家(其中澳门企业766家,香港企业493家)。

横琴澳门青年创业谷

此外,横琴自贸片区围绕落实国家"一带一路"和构建开放型经济新体系的国家战略,联合澳门加快推进中国—拉丁美洲国家(简称中拉)经贸合作平台的建设,抓紧构建对外开放新格局。贯彻落实《建设中拉国家经贸合作重要平台(广东)工作方案》,为进驻拉美的内地企业和投资横琴的拉美企业制定专项支持政策——《横琴自贸片区促进中拉经贸合作二十条措施》,从投资便利、投融资扶持、平台保障服务等方面加大扶持力度,设立相关投资基金或专项资金,配合澳门建设中国与葡语系国家的商贸合作服务平台。位于横琴国际科技创新基地的中拉经贸合作园正式动工,项目总投资约为25亿元,重点发展智能硬件、虚拟现实、

3D打印、云计算等代表未来发展趋势的产业，打造中国首个"科创+"国际科创示范平台及融合岭南文化和拉美文化的科创W.E.社区，全方位构建中拉商品国际交易平台、中拉跨境电商合作平台、中拉金融合作服务平台等"三大平台"和中拉休闲旅游文化交流中心、中拉企业法律服务中心、中拉政策研究与创新中心"三大中心"，为中拉双方的文化交流、旅游交流、跨境电商、经贸服务、现代商服等提供载体和平台。

从推动泛珠三角交流合作到建设"粤港澳大湾区"

在改革开放的进程中，由广东省倡导并得到福建、江西、湖南、广西、海南、四川、贵州、云南等省（区）政府和香港、澳门特别行政区政府积极响应和大力推动的泛珠三角区域合作（即"9+2"），引起了相关地区社会各界的普遍关注，得到了广泛赞同。

2003年，为推动与周边省区和珠江流域各省区的经济合作，构筑一个优势互补、资源共享、市场广阔、充满活力的区域经济体系，广东提出建立泛珠三角区域合作与发展的战略构想。2004年6月，首届泛珠三角区域合作与发展高层论坛在粤港澳召开，标志着泛珠三角区域合作实现了从构想到实践的飞跃。13年来，在国家的支持下，泛珠三角"9+2"省区携手合作，推动了泛珠三角合作不断迈上新台阶。

泛珠三角包括东部、中部、西部省（区）和香港、澳门特别行政区，占全国面积的1/5、人口的1/3强，经济总量占全国的比重超过1/3（不含港澳），是

2016年8月，第11届泛珠三角区域合作与发展论坛暨经贸洽谈会在广州召开

我国经济最具活力和发展潜力的地区之一，在国家区域发展总体格局中具有特殊地位。这些地区直接或间接地与珠江流域的经济流向和文化有关，且在资源、产业、市场等方面有较强的互补性。长期以来，泛珠三角区域内的经济交往源远流长，各具特色，相得益彰。根据国民经济和社会发展规划的总体要求，泛珠三角区域合作坚持区域协调发展和可持续发展，充分发挥各方的优势和特色，互相尊重，自愿互利，按照市场原则推进区域合作，拓宽合作领域，提高合作水平，形成合作互动、优势互补、互利共赢、共同发展的格局，拓展区域发展空间，共创美好未来。

1. 泛珠三角区域合作上升为国家战略

2016年3月，国务院发布《关于深化泛珠三角区域合作的指导意见》（以下简称《指导意见》），正式把泛珠三角区域合作上升为与京津冀一体化、长江经济带并列的三大国家区域发展战略之一。

《指导意见》明确将泛珠三角区域定位为全国改

京津冀一体化

　　京津冀城市群由京津唐工业基地的概念发展而来，主要包括北京、天津以及河北省的保定、唐山、廊坊、沧州、秦皇岛、石家庄、张家口、承德、邯郸、邢台、衡水11个地级市，人口总数约为9000万人。其中北京、天津、保定、廊坊为中部核心功能区。京津冀一体化是国务院总理李克强在2014年3月5日做政府工作报告时指出的方案，目的是加强环渤海及京津冀地区经济协作。2014年2月26日，习近平总书记在听取京津冀协同发展工作汇报时强调，实现京津冀协同发展是一个重大国家战略，要坚持优势互补、互利共赢、扎实推进，加快走出一条科学持续的协同发展路子。

革开放先行区、全国经济发展重要引擎、内地与港澳深度合作核心区、"一带一路"建设重要区域、生态文明建设先行先试区。

围绕深化泛珠三角区域合作,《指导意见》提出了八项重点任务:①促进区域经济合作发展,构建以粤港澳大湾区为龙头,以珠江—西江经济带为腹地,带动中南、西南地区发展,辐射东南亚、南亚的重要经济支撑带。②大力推进统一市场建设,实施统一的市场规则,建设区域社会信用合作体系,构建区域大通关体制。③推进重大基础设施一体化建设,建设现代化综合交通运输体系,构建能源供应保障体系,完善水利基础设施体系,加快区域网络基础设施建设的升级。④促进区域创新驱动发展,加强区域科技创新合作,构建区域协同创新体系,优化区域创新环境。⑤加强社会事业的合作,促进教育、文化、医疗卫生、人力资源和社会保障、旅游、社会治理等方面的合作。⑥共同培育对外开放新优势,积极融入"一带一路"建设,充分发挥自由贸易试验区的示范带动作用,推动口岸和特殊区域建设。⑦协同推进生态文明建设,加强跨省区流域水资源水环境保护,加强大气污染综合治理,健全生态环境协同保护和治理机制。⑧充分发挥香港、澳门的特殊作用,推动内地与港澳在重大基础设施、产业、重大合作平台、社会事务方面更紧密合作,开展多层次的合作交流。这无疑将推动泛珠三角迈向更高层次、更深领域、更广范围的区域合作,使泛珠三角区域成为全国经济发展的重要引擎,促进全国经济朝着"双中高"的目标迈进。尤其在对外开放方面,深化泛珠三角区域合作将推动泛珠三角积极融入"一带一路"建设,打造高

长江经济带

长江经济带是指沿江附近的经济圈。长江经济带覆盖上海、江苏、浙江、安徽、江西、湖北、湖南、重庆、四川、云南、贵州11省市,面积约205万平方公里,人口和生产总值均超过全国的40%。2016年9月,《长江经济带发展规划纲要》正式印发,确立了长江经济带"一轴、两翼、三极、多点"的发展新格局:"一轴"是以长江黄金水道为依托,发挥上海、武汉、重庆的核心作用,"两翼"分别指沪瑞和沪蓉南北两大运输通道,"三极"指的是长江三角洲、长江中游和成渝三个城市群,"多点"是指发挥三大城市群以外地级城市的支撑作用。

水平的对外开放平台，形成参与并引领国际合作竞争的新优势。

《指导意见》赋予泛珠三角区域合作的五大战略定位中，建设全国改革开放先行区、内地与港澳深度合作核心区、"一带一路"建设重要区域三大定位都与对外开放密切相关，要求为全国深化改革、扩大开放积累经验，打造我国高水平参与国际合作的重要区域，提升区域开放型经济的发展水平。发挥经济特区、国家级新区、国家综合配套改革试验区、自由贸易试验区等体制机制优势以及港澳在全国改革开放和现代化建设中的特殊作用。在完善社会主义市场经济体制、推进国家治理体系和治理能力现代化等方面积极开展先行先试，为全国深化改革、扩大开放积累经验。在全国范围内的区域合作中，泛珠三角区域合作是香港、澳门特别行政区唯一参与其中的区域合作。"内地与港澳深度合作核心区"的战略定位，指出要依托港澳两地的国际竞争优势及内地九省区的广阔腹地和丰富资源，在内地与香港、澳门《关于建立更紧密经贸关系的安排（CEPA）》及其补充协议框架下，充分发挥内地九省区与港澳山水相

全国经济"双中高"目标

"双中高"指中国经济长期保持中高速增长，迈向中高端水平。

合作竞争

合作竞争（coopetition或co-opetition），是对网络经济时代企业如何创造价值和获取价值的新思维，强调合作的重要性，有效克服了传统企业战略过分强调竞争的弊端，为企业战略管理理论研究注入了崭新的思想。是指两家经营同类产品或技术、互相竞争的公司意识到双方合作会有更多收益后转竞争为合作的情况，双方销售额都会因此有所增加。

深圳蛇口集装箱码头

连、经济联系密切及"一国两制"的优势,深化各领域的合作,拓展港澳发展的新空间,提升区域开放型经济的发展水平。

泛珠三角还是"一带一路"建设的重要区域。立足泛珠三角区域连接南亚、东南亚和沟通太平洋、印度洋的区位优势,充分发挥建设福建"21世纪海上丝绸之路"核心区,以及相关省区作为"一带一路"门户、枢纽、辐射中心和海上合作战略支点的功能,发挥港澳的独特作用,共同推动"一带一路"建设,将泛珠三角打造成为我国高水平参与国际合作的重要区域。《指导意见》还提出,泛珠三角区域合作要加强陆海统筹和全面开放,以综合交通运输体系为依托,统筹沿海、沿江、沿边和内陆开放,充分发挥港澳独特优势,推动"引进来"和"走出去"相结合,更好地利用国际国内两个市场、两种资源,创新开放型的经济体制机制,形成参与和引领国际合作竞争的新优势。

为深入贯彻落实《国务院关于深化泛珠三角区域合作的指导意见》,广东省也出台了《深化泛珠三角区域合作实施意见》(以下简称《实施意见》),作出了深化合作排头兵、改革开放先行地、创新发展重要引擎、与港澳深度合作核心区、生态合作先行区的战略定位。《实施意见》提出,充分发挥广东作为国家"一带一路"倡议枢纽、经贸合作中心和重要引擎的功能及经济特区、中国(广东)自由贸易试验区的带动作用,着力抓好深化改革各项试点工作,在完善社会主义市场经济体制、推进经济建设、对外开放、社会管理、生态文明建设等方面积极开展先行先试,携手泛珠三角各方共同拓展参与"一带一路"建设的广度和深度,为泛珠三角区域和全国深化改革、扩大开放积累经验。以建设珠三角国家自主创新示范区和全面创新改革试验试点省为契机，创新合作机制，提升合作水平。把协同创新与珠江—西江经济带、粤桂（广西）黔（贵州）高铁经济带合作试验区、粤桂合作特别试验区、闽（福建）粤经济合作区等跨省区重大平台建设结合起来，在区域创新发展方面发挥重要示范带动作用，成为促进全国创新发展的重要引擎。充分发挥广东省与港澳联系密切及"一国两制"的优势，深化各领域的合作，协助港澳拓展发展空间，推动泛珠三角区域提升开放型经济水平。

《实施意见》还提出了到2020年左右紧密合作格局基本形成、经济发展深度融合、社会发展共享共治、合作机制进一步完善的目标。一方面，粤港澳大湾区、珠江—西江经济带、粤桂黔滇（云南）高铁经济带、琼州海峡经济带和东江生态经济带等跨区域合作建设目标初步实现；粤港澳、粤闽、粤桂琼（海南）等海洋经济合作圈基本建成；以粤港澳大湾区为龙头，以珠江—西江经济带为腹地，带动中南、西南地区发展，辐射东南亚、南亚的经济发展格局基本形成。另一方面，广东

开放型经济

开放型经济是与封闭型经济相对立的概念，是一种经济体制模式。在开放型经济中，要素、商品与服务可以较自由地跨国界流动，从而实现最优资源配置和最高经济效率。开放经济强调把国内经济和整个国际市场联系起来，尽可能充分的参加国际分工，同时在国际分工中发挥出本国经济的比较优势。一般而言，一国经济发展水平越高，市场化程度越高，越接近于开放型经济。在经济全球化的趋势下，发展开放型经济已成为各国的主流选择。

2016年9月，粤港合作联席会议第19次会议在广州召开

在泛珠三角区域创新体系中的辐射、协调作用进一步提升，区域协同创新体系初步形成；以粤港澳大湾区建设推动内地九省区与港澳的合作进一步深化；广东作为我国改革开放试验田的作用进一步强化，推动区域内的体制创新明显加快、对内对外开放水平明显提高。

在深化粤港澳合作方面，广东将深入推进粤港科技创新走廊、深港创新圈建设。支持香港成为区域对外科技交流合作基地、知识产权贸易平台，帮助区域内企业提升品牌形象和产品质量，更好走向国际市场。支持澳门世界旅游休闲中心建设，共同推进澳门会展商贸、中医药等产业发展，支持澳门经济适度多元发展。加快制定实施《粤港澳区域旅游合作愿景纲要》，有序推动开展粤港澳游艇自由行，推广粤港邮轮旅游"一程多站"路线。

2. 全面推进粤港澳大湾区建设

国家发展和改革委员会、外交部、商务部联合发布的《推动共建丝绸之路经济带和21世纪海上丝绸之路的愿景与行动》，也提出要"推动珠三角一体化和泛珠三角区域合作，加强与周边城市互联互通，提高开放合作成效"，"加强广州等沿海城市的港口建设，充分发挥广州南沙等开放合作区作用，深化与港澳台合作，打造粤港澳大湾区"。

粤港澳大湾区土地面积占全国的0.6%，经济总量占全国的12.4%，常住人口占全国的4.9%。粤港澳大湾区发展酝酿已逾10余年，2015年该概念在"一带一路"规划中被正式提出，2016年被写入国家"十三五"规划，2017年3月首次被写入国务院政府工作报告。据相

粤港澳科技创新走廊

创新是大湾区建设的动力源泉。打造国际科技创新中心，是粤港澳大湾区的一项重点工作。珠三角东岸将重点瞄准通讯设备、信息技术、智能制造产业带，珠三角中部重点发展汽车、船舶、电子信息、健康医药产业，珠三角西岸则以海洋工程、光电装备等为突破，努力成为科学技术、生产方式和商业模式创新的引领者。

2014—2016年全球港口排名

排名	港口名称	2016年 吞吐量（万TEU）	2016年 同比增速	2015年 吞吐量（万TEU）	2015年 同比增速	2014年 吞吐量（万TEU）	2014年 同比增速
1	上海港	3713	1.71%	3651	3.47%	3529	4.96%
2	新加坡港	3090	-0.06%	3092	-8.07%	3387	3.96%
3	深圳港	2411	-0.37%	2420	0.71%	2408	3.23%
4	宁波—舟山港	2157	4.54%	2063	6.07%	1945	12.25%
5	香港港	1963	-2.40%	2011	-9.50%	2223	-0.56%
6	釜山港	1943	-0.09%	1945	4.13%	1868	5.63%
7	广州港	1858	9.50%	1697	5.00%	1616	5.56%
8	青岛港	1801	2.88%	1751	5.30%	1662	7.12%
9	迪拜港	1480	-5.07%	1559	2.57%	1520	11.43%
10	天津港	1450	2.76%	1411	0.43%	1405	7.99%

——航运界（http://www.ship.sh/news_detail.php?nid=24840）

深港创新圈

深港科技创新圈是指由深港两地政府与社会力量推动，以创新需求为驱动，通过汇聚两地城市的创新资源、产业链及创新系统，形成一个跨城市、高聚集的区域创新体系及产业聚集带，引领、支撑和提升区域自主创新能力，打造世界级科技创新中心。

粤港澳大湾区

粤港澳大湾区是由广州、佛山、肇庆、深圳、东莞、惠州、珠海、中山、江门的珠三角9市和香港、澳门2个特别行政区形成的城市群。是继美国纽约湾区、美国旧金山湾区、日本东京湾区之后，世界第四大湾区，是国家建设世界级城市群和参与全球竞争的重要空间载体。

关报告显示，粤港澳大湾区发展空间大、经济密度小、发展速度快，与纽约湾区、东京湾区、旧金山湾区世界三大湾区相比，在面积、人口、GDP规模上都可等量齐观。2016年，粤港澳大湾区城市群的GDP总量已达到1.36万亿美元，超过了旧金山湾区；出口贸易额约是东京湾区的3倍以上，区域港口集装箱吞吐量是世界三大湾区总和的4.5倍。

2016年8月，"泛珠区域协同发展论坛"探讨粤港澳大湾区建设

伴随着世界经济格局大调整，纽约湾区、旧金山湾区、东京湾区等世界级湾区相继形成并崛起，分别以

金融、科技创新、先进制造为主要特点。在中国，粤港澳大湾区的发展更为成熟，是我国开放程度最高、经济活力最强的区域之一，具备建成世界一流湾区的基础条件，未来有望成为第四个国际一流湾区。粤港澳大湾区发展是在"一个国家、两种制度、三个关税区、四个核心城市"背景下的深化合作，既有体制叠加优势，也亟待推进体制机制改革，以最大限度推进人流、物流、资金流、信息流的畅通。打造国际一流湾区和世界级城市群，带动泛珠三角区域发展，形成北有京津冀协同发展、中有长江经济带、南有粤港澳大湾区的区域经济发展新格局；助力"一带一路"倡议，建设高水平参与国际经济合作的新平台，探索建立高标准贸易规则，引领对外开放。

粤港澳大湾区的发展将从加强基础设施互联互通、打造全球创新高地、携手构建"一带一路"开放新格局、培育利益共享的产业价值链、共建金融核心圈、共建大湾区优质生活圈六个方面重点谋划。粤港澳大湾区未来有望形成"一环两扇、两屏六轴"的网络化空

5+2环珠江口经济圈

依托沿珠江口的主要城市广州、深圳、珠海、东莞、中山5市和香港、澳门，形成区域交通快速连接、产业发展分工协作、科技创新协同推进、社会交往密切便捷的环珠江口经济圈。

粤港澳大湾区将建设珠三角世界级城市群

间结构。其中,"一环"为5+2环珠江口经济圈,以香港、澳门、广州、深圳四大城市为"四极";"两扇"即珠江口东西两岸城镇扇面,以珠海、佛山、惠州、东莞、中山、江门、肇庆为"四极"以外的节点;"两屏"即北部连绵山体森林生态屏障+南部沿海绿色生态防护屏障;"六轴"即六大城镇产业拓展轴。

2017年7月1日,国家发展和改革委员会、广东省人民政府、香港特别行政区政府、澳门特别行政区政府在香港共同签署了《深化粤港澳合作推进大湾区建设框架协议》(以下简称《框架协议》),充分发挥粤港澳地区的综合优势,深化粤港澳合作,推进粤港澳大湾区建设,高水平参与国际合作,提升在国家经济发展和全方位开放中的引领作用,为港澳发展注入新动能,保持港澳长期繁荣稳定。

《框架协议》提出,将全面准确贯彻"一国两制"方针,完善创新合作机制,建立互利共赢的合作关系,共同推进粤港澳大湾区建设合作宗旨,强化广东作为全国改革开放先行区、经济发展重要引擎的作用,构建科技、产业创新中心和先进制造业、现代服务业基地;巩固和提升香港国际金融、航运、贸易三大中心地位,强化全球离岸人民币业务枢纽地位和国际资产管理中心功能,推动专业服务和创新及科技事业发展,建设亚太区国际法律及解决争议的服务中心;推进澳门建设世界旅游休闲中心,打造中国与葡语国家的商贸合作服务平台,建设以中华文化为主流、多元文化共存的交流合作基地,促进澳门经济适度多元可持续发展。努力将粤港澳大湾区建设成为更具活力的经济区、宜居宜业宜游的优质生活圈和内地与港澳深度合作的示范区,携手

离岸人民币业务
离岸人民币是指在中国境外经营人民币的存放款业务。交易双方均为非居民的业务称为离岸金融业务。

打造国际一流湾区和世界级城市群。

《框架协议》还提出,将坚持开放引领、创新驱动、优势互补、合作共赢,市场主导、政府推动,先行先试、重点突破,生态优先、绿色发展的原则,积极构建开放型经济新体制,打造高水平开放平台,对接高标准贸易投资规则,集聚创新资源,完善区域协同创新体系,开展创新及科技合作。支持广东全面深化改革,探索粤港澳合作新模式,推动主要合作区域和重点领域的体制机制创新,以点带面深化合作,充分释放改革红利。在推进基础设施互联互通、进一步提升市场一体化水平、打造国际科技创新中心、构建协同发展现代产业体系、共建宜居宜业宜游的优质生活圈、培育国际合作新优势、支持重大合作平台建设等重点领域加强合作。

其中,在推进基础设施互联互通方面,将强化内地与港澳的交通联系,构建高效便捷的现代综合交通运输体系。发挥香港作为国际航运中心的优势,带动大湾区其他城市共建世界级港口群和空港群,优化高速公

联结粤港澳大湾区的港珠澳大桥

路、铁路、城市轨道交通网络布局，推动各种运输方式综合衔接、一体高效。强化城市内外交通建设，便捷城际交通，共同推进包括港珠澳大桥、广深港高铁、粤澳新通道等区域重点项目建设，打造便捷的区域内交通圈。建设稳定安全的能源和水供应体系，进一步提升信息通信网络基础设施水平，扩大网络容量。落实内地与香港、澳门《关于建立更紧密经贸关系的安排》（CEPA）及其系列协议，促进要素便捷流动，提高通关便利化水平，促进人员、货物往来便利化，打造具有全球竞争力的营商环境。推动扩大内地与港澳企业相互投资。鼓励港澳人员赴粤投资及创业就业，为港澳居民发展提供更多机遇，并为港澳居民在内地生活提供更加便利的条件。

同时，打造国际科技创新中心，构建协同发展的现代产业体系。统筹利用全球科技创新资源，完善创新合作体制机制，优化跨区域的合作创新发展模式，构建国际化、开放型的区域创新体系，不断提高科研成果的转化水平和效率，加快形成以创新为主要引领和支撑的经济体系和发展模式。充分发挥大湾区不同城市的产业优势，推进产业协同发展，完善产业发展格局，加快向全球价值链的高端迈进。培育战略性新兴产业集群，建设产业合作发展平台，构建高端引领、协同发展、特色突出、绿色低碳的开放型、创新型产业体系。在共建宜居宜业宜游的优质生活圈方面，将以改善民生为重点，提高社会管理和公共服务的能力和水平，增加优质公共服务和生产生活产品供给，打造国际化教育高地，完善就业创业服务体系，加强人文交流，促进文化繁荣发展，推进区域旅游发展，支持澳门打造旅游教育培训基地，共建健康湾区，完善生态建设和环境保护合作机制，建设绿色低碳湾区。

此外，将培育国际合作新优势，支持重大合作平台建设。《框架协议》提出，充分发挥港澳地区的独特优势，深化与"一带一路"沿线国家在基础设施互联互通、经贸、金融、生态环保及人文交流领域的合作，携手打造推进"一带一路"建设的重要支撑区。支持粤港澳共同开展国际产能合作和联手"走出去"，进一步完善对外开放平台，更好地发挥归侨侨眷的纽带作用，推

动大湾区在国家高水平参与国际合作中发挥示范带头作用。推进深圳前海、广州南沙、珠海横琴等重大粤港澳合作平台的开发建设，充分发挥其在进一步深化改革、扩大开放、促进合作中的试验示范和引领带动作用，并复制、推广成功经验。推进港澳青年创业就业基地建设。支持港深创新及科技园、江门大广海湾经济区、中山粤澳全面合作示范区等合作平台建设。下一步，各方还将完善协调机制，健全实施机制，编制《粤港澳大湾区城市群发展规划》，推进规划落地实施。

顺德晒香云纱（非物质文化遗产）

打造"一带一路"特色平台

洲国际会展中心

广交会——"海上丝绸之路"的新生

20世纪50年代中期,在广州创办的"中国出口商品交易会"(简称"广交会"),是新中国成立后重开"海上丝绸之路"的新起点,可谓传统"海上丝绸之路"之新生和发展。

自1957年春季在广州创办至今,广交会60年来从未间断。广交会集中展示了我国经济建设和改革开放的成果,促进了中国外贸的发展,增进了对外友好往来,是我国历史最长、规模最大、商品种类最全、到会客商最多、成交效果最好的综合性国际贸易盛会,是名副其实的"中国第一展",成为中国外贸的晴雨表和风向

中国出口商品展览会

1956年11月10日,中国出口商品展览会(广交会的前身)在广州原中苏友好大厦胜利举办。为期12个月的展览会收到了预期的效果,到会客商来自37个国家和地区,共2736人,出口成交5380万美元。

标,也成为中国对外开放的窗口、缩影和标志。

从20世纪50年代末到60年代初创办初期的"冲破封锁、增收外汇",到20世纪80年代,广交会成为中国企业走向国际市场的重要平台;从新世纪培育外贸竞争新优势、加快贸易强国进程的重要载体,到今天融入全球经济、成为中国外贸第一促进平台……这60年间,我国经历了新中国建设探索、改革开放等重大历史阶段,发生了翻天覆地的变化,经济总量已居世界第二,外贸总额已达世界第一。这60年间,广交会一直发挥着中国外贸体制改革的引领示范作用。近年来,广交会积极融入"一带一路"建设,重点推进与沿线国家的贸易合作,在推动我国构建对外开放新格局中继续发挥桥梁和纽带作用。

1956年首届中国出口商品展览会证章

广交会是"海上丝绸之路"的新生——图为广交会盛况

1. 广交会推动我国外贸转型升级

每年广交会期间世界客商云集于此,促进着广州与世界的经贸联系和发展。一甲子的岁月,广州创新求变,不断让"千年商都"更具"国际范",让广交会散发新魅力。

作为"海上丝绸之路"的发祥地,早在2000多年前,广州就通过商贸活动与世界连接。汉代时期,中国船队从广州出发,远航至东南亚、南亚诸国通商贸易。唐代时,广州已发展成为世界著名的东方大港,也是当时世界最长的海路航线"广州通海夷道"的起点。到13世纪,广州已与140多个国家和地区有贸易往来。1757年,清政府宣布仅留粤海关,中国对外贸易进入"一口通商"的特殊时期,此后的85年间,大量的茶叶、丝绸、陶瓷等商品聚集广州运往世界各地,开启了广州经济的兴旺时期,也使得广州在18世纪成为世界著名的贸易之都。

由于开埠时间最早,广州积累了与多国贸易往来的基础和通达的海陆交通网络。作为中国对外贸易的重要港口城市,1957年春天,中国出口商品交易会落户广州。借助广交会这个平台,中国制造走向全球;借助广交会这扇窗户,全球客商认识了广州。这座为商而生的城市,也成为新中国对外贸易的见证者。

2004年春季,广交会设立品牌展区,鼓励和扶持"自有知识产权、自主品牌、高技术含量、高附加值"的产品参展,这是广交会作为重要平台助力中国外

2007年春第101届广交会

首设进口展区,增加进口功能,为世界各国(地区)的产品进入中国市场开拓了新的贸易平台。

贸转型升级的举措。2007年春季，广交会更名为中国进出口商品交易会。从这一届起，广交会设立了进口展区，吸引境外企业参展。

2014年，国际社交网络招商平台更是让广交会声名远播。以脸书（Facebook）、领英（Linkln）为核心的六大国际社交媒体生态圈，以谷歌、雅虎为平台的广告投入，全球远程视频招商，让广交会真正做到全球范围内的信息覆盖。3年来，广交会共在全球34个国家成功举办了近100场远程视频招商活动，吸引6000余名客商参加。

广州通海夷道

是唐朝时期通往西亚和非洲东部的航道名，出自于《新唐书·地理志》，系根据贾耽所记从边州（靠近边境的州邑）入四夷道路转载。其主要路线有两条：线路一由广州经今越南中部、南部沿海地区及附近岛屿，渡新加坡海峡，过爪哇岛、苏门答腊岛、尼科巴群岛而至师子国（今斯里兰卡），再沿印度半岛西岸经波斯湾至幼发拉底河口的"乌剌国"，自此附近陆行至缚达城（今伊拉克首都巴格达）为终点；线路二由上述路线至印度半岛西岸后，渡印度洋至非洲东部的三兰国（今坦桑尼亚的达累斯萨拉姆一带），向北经数十个小国可通"乌剌国"。

广交会上客商云集

目前，广交会融入了更多互联网元素。新版广交会官网、移动客户端APP、电子邮件营销系统（EDM）、数据处理平台等重点项目被全新推出，全球采购商可以随时提前在线上了解参展企业及其展品，提高了客商采购和参展效率。而展后服务也通过线上追踪变得更加便利快捷，客户参展体验在这些细节的改善中不断提升。

广交会也是一部浓缩的新中国外贸发展史。它的创办改变了新中国的外贸格局,开拓了对非社会主义国家的贸易往来。数据显示,60年来广交会累计出口成交额超过1.2万亿美元,在各个时期都是我国外贸出口的重要渠道。1957年至1965年,广交会出口成交额占全国出口总额的17.81%;1966年至1977年,广交会出口成交额占全国出口总额的41.53%,其中1972年和1973年的占比均超过一半。目前,一年两届的广交会出口成交额近600亿美元,在中国外贸发展中依然起着举足轻重的作用。

广交会在60年的发展历程中,始终围绕国家外经贸发展大局,贯彻实施外经贸发展战略,推动中国外贸不断创新和转型升级。从早期的出口创汇主渠道到建立跨国采购平台,再到从现场成交功能向结识客户、展示洽谈、行业交流、信息发布、品牌推介等综合功能转变,广交会在推动我国外贸转型升级的进程中发挥了重要作用。

2. 广交会成为"一带一路"沿线国家经贸合作的纽带

作为中国外贸发展的重要促进平台,广交会与"丝绸之路"渊源深厚,一直致力于推动与沿线国家的贸易合作,已经成为连接中国与沿线国家贸易合作的纽带。"一带一路"倡议实施以来,广交会不断深化与沿线国家的贸易合作,推进贸易畅通。广交会已与65个国家和地区的107家工商机构建立了合作伙伴关系。

在1957年的第一届广交会上,只有来自马来西亚、新加坡、印度尼西亚等9个沿线国家的采购商到会。随着中国实行改革开放,特别是加入世界贸易组织(WTO)后,古老的"丝绸之路"焕发出新的活力。

世贸组织

世界贸易组织(World Trade Organization,WTO),中文简称是世贸组织,1994年4月15日,在摩洛哥的马拉喀什市举行的关贸总协定乌拉圭回合部长会议决定成立更具全球性的世界贸易组织,以取代成立于1947年的关贸总协定。世界贸易组织是当代最重要的国际经济组织之一,拥有164个成员,成员贸易总额达到全球的98%,有"经济联合国"之称。

从中国加入世界贸易组织至2017年初,广交会已开办了29届,每届沿线国家与会人数约为7万人,超过当届与会总人数的1/3;平均增速3.30%,高出总体平均增速1.75个百分点。2016年春,第119届广交会到会的沿线国家采购商更是超过8.1万人,占当届广交会到会采购商近44%,其中来自东盟和南盟国家的采购商同比分别增长6%和5.65%,涨幅明显。

自2004年8月起,广交会陆续与31个沿线国家的45家商(协)会建立了合作伙伴关系。众多来自"一带一路"沿线的专业商协会及政府商务部门,包括印度出口企业联合会、印度手工纺织品促进协会、埃及展览会议局、马来西亚贸易促进局、爱沙尼亚企业局等,与外贸中心建立了长期稳定的关系,帮助更多当地企业通过广交会平台踊跃参与到"一带一路"倡议发展计划中。

广交会上开展贸易洽谈

近年来,广交会始终致力于深化与"一带一路"沿线国家的经贸合作,并取得了巨大成就,在推动双边贸易发展中发挥着不可替代的作用。广交会自1996年派出第一个出访小组访问马来西亚和科威特以来，已累计派出100多个出访小组赴50多个沿线国家招商推广。从1996年10月第80届广交会至今共有近1000个沿线国家的政府及经贸代表团来访。自2013年提出共建"一带一路"的倡议以来，广交会致力于深化与"一带一路"沿线国家的经贸合作，为沿线国家提供了开放型国际贸易平台。通过鼓励参展企业、老采购商邀请新采购商，加大了对VIP采购商、特别是"一带一路"沿线国家客商的邀请力度。"一带一路"沿线国家采购商群体日益扩大，成为中国外贸的重要组成部分，在支持中国外贸稳增长和调结构中发挥中流砥柱作用。

广交会努力推动开放型世界经济发展，为"一带一路"沿线国家开拓中国市场提供便利化平台。"一带一路"国家的参展企业占进口展区总参展企业数58.7%。部分沿线国家的参展企业表示，广交会不仅是开拓中国市场最重要的贸易平台，也是他们与来自210多个国家和地区的国际买家共创商机、把产品卖到全球的最佳国际贸易平台。

其中，2017年4月第121届广交会"一带一路"沿线国家采购商与会人数增加，到会88 574人，占与会总人数的45.08%，同比增长8.55%，高于总体平均水平。其中，俄罗斯、东盟和南盟同比分别增长21.72%、9.98%和9.12%。沿线国家成交态势良好。出口成交90.1亿美元，同比增长4.8%。建材、大型机械、家电产品、轻工工艺品、纺织品服装、食品等行业的参展企业普遍反映，"一带一路"沿线国家市场潜力巨大，采购需求强劲，成交明显上升。

3. 助企业开拓国际市场培育自主品牌

60年来,广交会不仅是中国外贸的"晴雨表"和"风向标",也是我国自主品牌走向世界、中小企业开拓国际市场的重要平台。从20世纪50年代到70年代,国有企业一直在广交会的舞台上唱着"独角戏"。改革开放后,民营企业迎来了蓬勃发展的春天。在此背景下,广交会紧跟时代的步伐,推动了众多民营企业,特别是中小企业走上国际舞台。1999年第85届广交会,民营企业首次在广交会登台亮相。到第118届广交会,年出口额在1500万美元以下的参展企业17720家,占参展企业总数的82.9%,中小企业已成为广交会的参展主体。

1971年交易会业务洽谈

1977年秋第42届广交会开幕盛况

1971年交易会大厅

在新时期,广交会紧紧围绕培育外贸竞争新优势,积极引导企业转换外贸发展动力,从规模扩张向质量效益提高转变,从成本和价格优势向综合竞争优势转变,促进企业形成以技术、品牌、质量、服务为核心的出口竞争新优势。为更好地适应对外开放新形势,广交会直面挑战，不断改革。从2007年春季第101届起，广交会正式更名为中国进出口商品交易会，首次设立进口展区，邀请海外企业参展，这意味着广交会从单一出口交易平台转变为进出双向交易平台。这是中国外贸发展模式的一次重大战略调整，体现了中国政府致力于改善贸易平衡的决心。

广交会助力企业开拓国际市场

CF奖

广交会出口产品设计奖(Canton Fair Design Awards)，仅面向广交会出口展区参展企业的展品，具体包括7个类别，涉及48个展区。CF奖设创新性、功能性、品质、美感性和环保性五方面评分标准。

根据国际市场需求与中国外贸发展变化，广交会持续优化参展企业和商品结构，提升专业化水平，培育优质企业，支持企业开拓国际市场；组织行业峰会、国际市场、设计创新、品牌营销、潮流趋势和技术研发六大主题会议论坛，促进行业交流和营销推广；通过创办并每年评选CF奖、举办包括设计展示、设计对接、时尚秀、设计智汇等系列活动，推动提升中国制造的设计能力和设计水平。这些举措逐步改变着广交会长期以来作为出口贸易单一功能平台的定位，向结识客户、展示洽谈、行业交流、信息发布、产品推介等综合功能平台转变，取得了显著成效。

结识客户方面，广交会万商云集，每届有来自210多个国家和地区的约20万名境外采购商与会，参展企业把广交会作为结识客户的重要渠道。调研显示，以此为与会目的的参展企业和采购商占比分别超过90%和60%。展示洽谈方面，参展企业通过广交会达成的成交额占其全年出口额高达47.9%。到2016年春季第119届广交会，品牌展位已占展位总数的20%，品牌展区成交额已占成交总额的33.2%，充分发挥了广交会在引导自主品牌出口方面的积极作用。2015年秋季第118届广交会，年出口额在1500万美元以下的参展企业有17 720家，占参展企业总数的82.9%。

行业交流方面，广交会充分利用展会聚集的境内外行业信息资源，精心举办了大量契合企业需求的会议论坛。如第109届至119届广交会共举办388场规模以上的会议论坛，助力企业拓宽国际视野和启发战略思维。

近年来，广交会积极创新求变，聚焦"一带一路"沿线国家，以"互联网+"创新招商宣传举措，沿线国家到会采购商的整体增长态势愈发明显。近几届广交会已在沿线18个国家举办了42场远程视频招商活动，共吸引约3000名客商参加和近90家当地权威媒体报道。支持中国企业开拓国际市场也成为广交会的一项重要职能。广交会的采购商来自世界各地，每届有210多个国家和地区的约20万采购商与会，世界零售商250强中近100家派员采购。60年来，广交会累计到会的境外采购商超过764万人，庞大的采购商资源及其辐射效应，对中国商品进入国际市场起到了至关重要的作用。

目前，每届广交会2.4万家参展企业中，民营企业

互联网+

"互联网+"是创新2.0下的互联网发展的新业态，是知识社会创新2.0推动下的互联网形态演进及其催生的经济社会发展新形态。"互联网+"是互联网思维的进一步实践成果，推动经济形态不断地发生演变，从而带动社会经济实体的生命力，为改革、创新、发展提供广阔的网络平台。通俗地说，"互联网+"就是"互联网+各个传统行业"，但这并不是简单的两者相加，而是利用信息通信技术及互联网平台，让互联网与传统行业进行深度融合，创造新的发展生态。它代表一种新的社会形态，即充分发挥互联网在社会资源配置中的优化和集成作用，将互联网的创新成果深度融合于经济、社会各领域之中，提升全社会的创新力和生产力，形成更广泛的以互联网为基础设施和实现工具的经济发展新形态。

达到75%左右，中小企业约占参展企业总数的80%，广交会已成为扶持中小企业出口的重要平台。广交会也是企业由小到大的孵化器，成为大批有实力的外贸企业转型升级、由大变强的推进器，成为企业建立、扩大和完善国际营销网络的重要平台。

2003年春第93届广交会

首次搭建跨国采购平台，邀请法国欧尚、美国家得宝、美国中央采购、美国QVC公司四家跨国连锁企业进馆定点采购，当届923家参展企业与他们进行了贸易洽谈。

此外，广交会还积极帮助企业培育推广自主品牌。60年来，一批批不甘"为人作嫁衣"的中国企业依托广交会，从少数展位起步，从贴牌起家，发展到自主品牌出口，借助广交会的神奇魔力"羽化成蝶"，形成了一批比较有影响力的知名品牌。2004年第95届广交会设立"品牌展区"，展示了国家重点培育和发展的出口品牌，在创立自主品牌、转变外贸增长方式方面发挥引领、示范和导向作用。目前，品牌参展企业每届超过1700家，展位数量约占总展位数量的20%，成交额超过30%，广交会为更多优秀的中国品牌企业提供了腾飞的

1994年秋第76届广交会开幕式

1994年，广交会组展方式完善为"省市组团，商会组馆，馆团结合，行业布展"的十六字方针，在布展方式上，按国际惯例分商品类别设置展区，方便了客商采购和出口成交。

舞台,在以价取胜向以品牌取胜转变方面取得了实效。

4. 以"互联网+"打造"永不落幕的广交会"

在全球外贸形势、外贸方式和营销环境剧烈变动的今天,广交会也迎来新的挑战。推动"一带一路"沿线国家广泛对接,支持国内企业向"一带一路"沿线开拓商机,广交会正在实现既继承传统又开拓创新的转型升级。"一带一路"沿线市场的增长潜力,带来不小惊喜。据统计,2017年春季,参加第121届广交会的"一带一路"沿线国家和地区的采购商直接邀请量,占采购商总邀请量的48%;参加广交会进口展的沿线国家和地区的参展企业达364家,展位616个;展会各项指标同比环比均有所增长。

外商为广交会点赞

"一带一路"倡议自提出以来,由于与许多沿线国家的发展方向契合,得到越来越多的热烈响应。广交会作为中国最重要的对外展示平台之一,在与"一带一路"沿线国家的贸易往来中发挥着重要的桥梁作用。至

2017年5月，广交会已与32个"一带一路"沿线国家的46家商（协）会建立了合作伙伴关系，与会采购商中来自"一带一路"沿线国家的占比再次提升，而这种向好的趋势还在不断扩大。广交会连接"一带一路"，古老的"丝绸之路"正焕发出勃勃生机。

从全球视野看，中国企业沿"一带一路"走出去已经是历史的必然。面向未来，广交会正致力于成为中国企业"走出去""引进来"的重要渠道，成为企业创新、产品创意的聚集地，致力于搭建具有持续影响力和发展力的国际外贸大舞台。为实现这一愿景，一方面要求中国企业求新求变，积极融入"一带一路"建设当中；另一方面也要通过广交会等平台的求新求变，更充分发挥连接中国与世界的纽带作用，为新业态、新发展方向提供持续推动力。

广交会连接"一带一路"的探索，与我国外贸方式转变的过程相伴随。今后的广交会将不再是过去简单的一般贸易订单与出口，也不再仅仅局限于一年春秋两届的采购商聚会。面对"互联网+"带来的跨境电子商务发展，广交会将大力推进电商平台的构建，打造"永不落幕的广交会"。广交会将不断挖掘新的潜能，向"一带一路"合作伙伴无时限、跨地域推送中国企业创新产品和创新技术，以"最智慧""最高效"的方式建立"一带一路"沿岸国家贸易纽带。

高交会——中国科技第一展

"中国科技第一展"——中国国际高新技术成果交易会（简称"高交会"），是中国规模最大、最具影响力的科技类展会。高交会设有"高新技术成果交易、高新技术专业产品展、论坛、super-SUPER专题活动、高新技术人才与智力交流会、不落幕的交易会"六大板块，集成果交易、产品展示、高层论坛、项目招商、合作交流于一体，通过"官产学研资介"的有机结合，为海内外客商提供寻求项目、技术、产品、市场、资金、人才的便捷通道。高交会以"国家级、国际性、高水平、大规模、讲实效、专业化、不落幕"的特点，成为中国高新技术领域对外开放的重要窗口，在推动高新技术成果商品化、产业化、国际化及促进国家和地区间的经济技术交流与合作中发挥着越来越重要的作用。

> 官产学研资介
> 是指政府、企业、科研院所和高等学校、金融机构、社会组织及中介服务机构之间的合作。

其中，高新技术成果交易主要发挥主办单位及省市、高校的资源优势，组织更多具有自主创新特性的优秀技术、成果和产品参展，着重展示信息、生物、新能源、节能环保、海洋经济、航天科技等方面的技术与成果，展现科技在改善民生中发挥的重要支撑和引领作用。结合中国历年改革开放、历届高交会，展现主办单位、省市、高校、企业在高新技术产业发展中的成就与贡献，以及通过高交会在自主创新成果转化方面所取得的成果。主要内容包括：由各主办单位、各省市政府和国内重点高校按"主题明确，整体特装"原则组织的国家高新技术成果展、省市高新技术成果和高校高新技术成果展，由外国政府组织的海外高新技术成果展，由组委会办公室组织的深港创新圈展区和包括创业型企业

中国国际高新技术成果交易会现场

展、个人技术创新展、投资商展、中介机构展及投资项目商洽谈活动的交易洽谈区。

专业产品展则围绕"科技改善民生、创新改变世界"的主题，组织中国国内外著名跨国公司、高新技术企业将最新产品、最新技术在展会上进行展示和交易。主要包括信息技术展（设数码产品与电脑、网络通讯与设备、软件应用与解决方案、汽车电子产品4个专区）、电子展、光电子及平板显示展。

2015年高交会展示的无人机

高交会论坛议题主要结合当今世界科技与经济热点，紧扣高交会主题，邀请各国科教、信息等方面的部长以及中外著名科学家、企业家、金融家和知名学者发表演讲、互动交流，并为演讲嘉宾安排更多个性化服务活动，突出实效性和专业性。论坛主要安排有部长论坛、中外CEO论坛、资本市场高峰论坛、专业技术论坛、专业展专题技术研讨会以及各主办单位组织的高层次专业论坛。

super-SUPER专题活动是为中外政府要员、跨国公司CEO、海内外著名学府的校长、著名科学家人士建立合作关系提供的个性化特色服务，按照"有方向、有服务、有内容、有收获"的目标，进一步完善个性化服务的形式和内容，强化"专题、高端"特色，为高科技产业资本与金融资本的结合注入催化剂，提升高交会的实效性和国际化程度。专题活动主要包括中国国内外政府官员、参展团组、海外客商、企业、高校、投资商、中介机构之间的配对洽谈系列活动及全球各大证券交易所举行的上市推广和咨询活动。

　　人才与智力交流会则全面发挥主办单位的优势，搭建高层次、大规模、综合性的高级人才与智力成果交流引进平台，开展教育培训和人才开发等专项服务，使高交会真正起到融汇全球智力、为国际性的科技型人才提供智力交流与合作的高端平台作用。交流会主要包括高级人才交流、人才服务机构展示、教育和培训展示、毕业生推介与招生宣传、留学人员项目展示与交易。

1. 打造国家级科技成果交易盛会

　　1999年是中国高新技术产业发展的一个里程碑。1999年8月，中共中央、国务院专门召开了全国技术创新大会，作出了《关于加强技术创新，发展高科技，实现产业化的决定》。1999年10月5日至10日，首届中国国际高新技术成果交易会在深圳成功举办，成为继中国出口商品交易会（广州）、中国投资贸易洽谈会（厦门）之后的又一个国家级交易盛会。从此，中国高新技术成果实现产业化有了一个卓有成效的转化平台。在首届高交会开幕式上，时任国务院总理的朱镕基亲自出席并宣布"为了促进中国与世界各国的经济技术合作，中国政府决定每年在深圳举办中国国际高新技术成果交易会"。

首届高交会由中国对外贸易经济合作部、科学技术部、信息产业部、中国科学院、深圳市人民政府共同主办,由高新技术成果交易、以"国际计算机、通信、网络产品展"为主题的高新技术产品展示交易、高新技术论坛三大部分内容构成。

首届高交会以高新技术成果交易为鲜明特色,将高新技术成果交易与专业产品展有机结合在一起,并创造性地发挥政府和中介组织在促进科技成果和项目成交中的作用,在探索新型交易机制上做出了有益的尝试。率先提出了"成果交易与风险投资相结合"的交易形式,不仅组织了万余项高水平的参展项目,而且邀请具有技术需求的境内外企业、风险投资机构、中介机构、金融机构参会,设立了投资商展和中介服务机构展,并为技术供需双方建立了网上交易系统,提出了实现高交会"永不落幕",为科技成果转化为生产力创造了条件,取得了重大成效。高新技术论坛亦成为我国高新技术领域最高端的论坛之一。

2001年10月12日至17日举办的第3届高交会,在前两届成功交易的基础上不断完善成果交易形式,创新推出了创业型企业投资洽谈活动,积极探索"高交会——技术产权交易——创业板市场"一条龙科技创业新模式,形成以技术产权交易和创业投资为核心的新型资本市场,构筑符合国情并具特色的中国科技成果交易体系。

2001年10月第3届高交会国际化程度更高,共有37个国家和地区参加,其中有10个国家由政府组团,41家跨国公司参加了展示和洽谈,国外展团的布展面积占专业展览总面积的40%;港、澳、台地区的知名企业参展积极性也很高。还有来自12个国家的300多名海外留学生携400多个项目参会展览、洽谈和交易,在交易会上成交金额达3.73亿美元。英国、俄罗斯、捷克等国家由政府部长亲自率团,表现出许多国家政府对高交会的极大兴趣。第3届高交会的成功举办,对进一步促进我国高新技术产品出口,优化我国出口商品结构和产业结构、拉动经济增长,发挥了十分重要的作用。

2002年的第4届高交会是在中国加入世贸组织后举办的第一届高交会,既面临机遇也面临挑战。如何帮助中国高新技术企业提高国际竞争力,如何把高交会进一步与我国高新技术产品的出口结合起来,让高交会在我国的经济发展和产业结构调整中发挥更大的作用,本届高交会给出了自己的答案。

第4届高交会创新推出了中国企业海外上市咨询洽谈活动,吸引纳斯达克、新加坡、伦敦、东京等10多个国家和地区的国际证券交易机构聚集鹏城(深圳)开展咨询推介活动,这是国际证券交易机构首次大规模在中国城市聚会。这项活动不仅为中国企业利用国际资本市场进入全球经济圈提供了快车道,而且也由此形成了"高新技术项目配对洽谈——创业型企业投资洽谈——中国企业海外上市咨询洽谈"的高交会梯次"产品",满足了科技成果转化过程中不同阶段的需要。

于2005年举办的第7届高交会是一次盛况空前、国际化和自主创新色彩浓厚的高科技盛会。来自世界各地的104个代表团、3464家参展商和1896家投资商参加了展示、交易和洽谈。国外23个国家和国际组织、中国内地所有的36个省、自治区、直辖市、计划单列市和26所高校及港澳台地区组团参展参会，国内外65家知名跨国公司参加了展示与交易，专业展海外展区面积所占比例达38%。国外组团数、跨国公司数、投资商数、专业展海外展区面积均创造了高交会的新纪录。由国务院7个部委院联袂推出的"国家高新技术成果展"，集中展示了科技、经贸、教育、信息和生物技术等领域我国自主创新的最新成果，成为高交会打造"中国科技第一展"的重要支撑点；各省市、高校团组和一大批民族高科技企业带着拥有自主知识产权的高新技术和产品参展，组成了展馆内一道靓丽的风景线。

第7届高交会上，"世界科技与经济论坛"的国际影响力进一步扩大，成为一次汇聚中西方科技、经济、社会最新动态，加强国际技术经济合作的精彩演绎；"中外企业家论坛"深入研讨企业跨国经营发展趋势，架起了一座中外企业之间交流与合作的桥梁。"中国企业海外上市活动"吸引了11家海内外著名证券交易所和21家国际知名创投、中介机构的参与，推动了科技与资本间的联姻；各方面高层人士举行了33场配对洽谈活动，在企业、大学和政府之间搭起了一个互动交流的平台。"人才与智力交流会"秉承"人才推动科技腾飞，智力促进经济发展"的宗旨，吸引了1286家企业参展，进场人数达6.2万人次。此外，"会展经济国际论坛""中俄高新技术产业化研讨会"等一系列主题丰富的论坛、研讨会等活动，传播交流了科技创新的前沿动态，描绘了世界科技经济发展的新趋势。

2011年第13届高交会以"促进国际创新合作，加快发展方式转变"为主题，进一步彰显了科技创新在推动经济转型升级、改善民生、应对全球挑战和促进人

高交会——2012中国高新技术论坛

类文明进步等方面的引领性、根本性和决定性作用。共有58个国家和地区的106个代表团、2928家参展商、13 164个项目和2504家投资商参加本届高交会的展示、交易和洽谈，参会跨国公司达88家，海外参展面积达1万平方米；专业产品展海外企业参展面积比例超过34%。参加"海外高新技术成果展"的共有来自美国、德国、俄罗斯、韩国、澳大利亚、法国、巴西、以色列、埃及等19个国家的24个团组参展。

2012年第14届高交会是一届汇聚世界精英名贤、激发创新创业智慧的盛会。中国高新技术论坛邀请到多国政府部长级官员及众多权威人士，解读世界科技产业变革和全球经济深度调整带来的机遇和挑战，为深入了解国内外科技和经济发展新趋势提供了全方位视角，为促进科技创新、新兴产业发展和绿色低碳发展带来了创新理念。"低碳技术与新能源发展峰会"围绕新能源与节能环保产业融合发展、低碳技术创新与国际合作等前沿话题，进行了多维度的对话交流。来自武汉、成都、上海等30个国家高新区100余家高新技术企业的代表与韩国、比利时、以色列、意大利、美国等国代表参加了"建设世界一流高科技园区国际会议",就信息通讯、计算机、节能环保、照明等领域的企业现状和产品进行了深入的探讨。

2. "一带一路"科技交流合作更为密切

自1999年创办以来,每届高交会均有全国31个省、自治区、直辖市、计划单列市和港澳台地区及20多家中国著名高校参加展示、交易和洽谈。同时,高交会也得到了海内外高新技术企业的认可和欢迎,全球50多个国家的客商参加了历届高交会的展示、交易和洽谈,其中有美国、英国、德国、加拿大、澳大利亚、意大利、俄罗斯及欧盟等近30个参展国家或国际组织,以及多家国际知名跨国公司;来自全球的商政学界精英,如诺贝尔奖获得者、部长级以上政府官员、跨国公司总裁等400多人在高交会论坛上发表演讲;每届展会参观人数超过50万人,产品与技术交易额超过130亿美元。

其中,2015年第17届高交会以"创新创业,跨界融合"为主题,总展览面积达15万平方米,有28个国家和地区的128个代表团、3686家参展商、16 825个项目参加展示、交易和洽谈,来自90个国家和地区的58.3万人次观众参观了主会场和分会场。本届高交会在原有展览项目活动的基础上,增设了"一带一路"专馆、工业和信息化"互联网+"专题馆、航空航天科技展和创客展区,并首次在深圳大运中心和市民中心分别设立无人系统分会场和机器人分会场。

2016年第18届高交会立足于服务创新驱动发展战

"绿色之家"板块作为高交会节能环保展"绿色建筑主题展区"的亮点之一

略,以"创新驱动,质量引领"为主题,全方位展现我国促进创新创业、引领产业转型升级等方面的成果,积极发挥推动国际科技交流合作、促进科技与经济深度融合、促进新兴产业的培育和发展、推动高新技术成果产业化的平台作用,在高新技术领域的"行业风向标""技术风向标""创新风向标"的作用更加彰显。商务部、科技部、工业和信息化部、国家发改委、农业部、国家知识产权局、中国科学院、中国工程院等国家部委局院,或设立专馆专区展示国家级高新技术成果,或组织、参与高端权威发布活动和专业性论坛。据统计,第18届高交会上,全国37个省、自治区、直辖市、计划单

高交会展示的科技企业及成果

列市（含香港、澳门、台湾、新疆生产建设兵团）均组团参展；25所知名高校精心组织众多科研成果进行展示。

第18届高交会包含展览、论坛与会议、相关活动、不落幕的交易会四方面内容，展会总面积达15万平方米，有37个国家的3533家参展商、23 334个项目参展和入库，来自97个国家和地区的58.9万人次观众参观了主会场和分会场。主办单位着力优化展商和观众服务、提升展会视觉形象。无论是展览、论坛、活动还是VI标识和现场服务，均努力创新，突出实效，凸显此次高交会的亮点：①突出创新驱动，展示战略前沿领域重大突破和创新创业的最新成就；②突出质量引领，展现战略性新兴产业发展最新成果；③突出协同发展，服务于政产学研用一体的创新网络；④突出开放共赢，积极服务国家对外开放新战略；⑤突出服务创新，加快打造世界一流展会。

物联网

顾名思义，物联网就是物物相连的互联网。这有两层意思：其一，物联网的核心和基础仍然是互联网，是在互联网基础上的延伸和扩展的网络；其二，其用户端延伸和扩展到了任何物品与物品之间，进行信息交换和通信，也就是物物相息。物联网通过智能感知、识别技术与普适计算等通信感知技术，广泛应用于网络的融合中，也因此被称为继计算机、互联网之后世界信息产业发展的第三次浪潮。

第18届高交会设置国家高新技术展、创新与科研展、外国团组展区、"一带一路"专馆、信息技术与产品展、节能环保展、新能源展、智慧城市展、电子新技术及新应用展、光电显示展、航空航天展,以及高新技术服务区、科技创新型小微企业展区、个人技术创新展区、创客展区、无人系统分会场和高新技术人才与智力交流会分会场。高交会参展商带来的高新技术项目与产品数达23 334项,涵盖了AR/VR、物联网、智能制造、互联网+、大数据、节能环保、无人系统、人工智能、智慧城市、航空航天、新能源、新材料、光电平板和现代农业等领域。

VI

全称Visual Identity,是视觉识别系统。

AR

增强现实技术(Augmented Reality),即一种实时地计算摄影机影像的位置及角度并加上相应图像、视频、3D模型的技术,这种技术主要功能是在屏幕上把虚拟世界套在现实世界并进行互动。

高交会展示的穿越时空VR迷你乐园

VR

虚拟现实(Virtual Reality),指一种可以创建和体验虚拟世界的计算机仿真系统。通过模拟一个环境,使用户浸淫到仿真环境中,进行交互式活动。

智慧城市

通过信息和通信技术手段感测、分析、整合城市运行核心系统的各项关键信息,从而对包括民生、环保、公共安全、城市服务、工商业活动在内的各种需求做出智能响应。

第18届高交会还展示发布了一系列全球领先的科技产品。世界最大面积中阶梯光栅、全球首发宽屏裸眼3D立体电影本、全球首款基于subtrate工艺的All in one指纹识别芯片、全球首创2D/3D/VR全显示模式手机、市面上体积最大重量最轻的多旋翼无人飞行器、业内对位精度最高的全自动COG+FOG绑定机、全球首款单体微

第18届高交会展示的裸眼3D显示屏

型踏频传感器、全球首创稀土电热薄膜、全球首款集污染物吸附和抗菌性为一体的基础材料、全球首款科学级背照式CMOS图像传感器等一系列原创高科技产品亮相本届高交会。大批来自全球各地的投资商、采购商、经销商、科研人员、技术人员、设计人员、管理人员、市场人员等专业观众出现在高交会会场,专业观众人气指

高交会展品——全球首款在售水下机器人

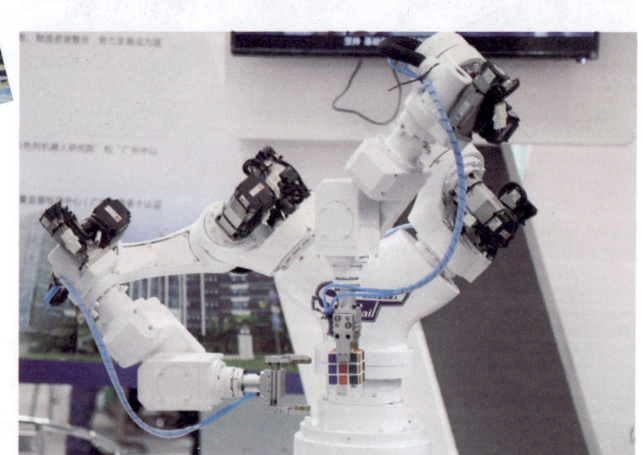

第18届高交会展示的新型装备

数达到240，即平均每个展位每天接待240位专业观众。

在海外参展方面，展会加大了对外国政府、商（协）会、相关机构、重要展商嘉宾的邀请力度，从展区设置、展品水平、会议活动的组织等方面来看，国际化程度有了明显提升。一些外国的展团和机构成为了高交会的铁杆粉丝，俄罗斯、德国连续多年都参加高交会。

第18届高交会吸引了德国、俄罗斯、南非、韩国、欧盟等30个国家和国际组织的43个团组参展，其中来自"一带一路"的有23个国家。巴林、比利时、立陶宛、捷克、肯尼亚等国的政府高级官员率团出席。海外机构、协会联手参展，国际合作更加紧密。欧盟率领法国、德国、葡萄牙等9个欧盟成员国共14家创新研发机构参会，展示欧盟最新科研成果，并举办"中欧创新研发合作研讨会"。巴林经济发展委员会CEO和首都省省长率领由巴林顶尖基金、金融机构、创新企业组成的30多人代表团首次在高交会亮相，并举办"巴林深圳商业论坛"。南非作为非洲科技比较发达的国家，分别有西

无人系统与人工智能

无人系统是指机器设备、系统或过程利用自动化（Automation）技术，按照人的要求，经过自动检测、信息处理、分析判断、操纵控制，以实现预期目标，如无人机等。

人工智能是计算机科学的一个分支，它试图了解智能的实质，并生产出一种新的能以人类智能相似的方式做出反应的智能机器，该领域的研究包括机器人、语言识别、图像识别、自然语言处理和专家系统等。

高交会"一带一路"展区重点展示沿线国家新的产品、技术和项目

高交会电子展

　　是全球集成电路、电子元器件、模块、电子材料、电子制造设备企业面向中国市场进行品牌推广、发布新产品新技术以及业务交流的首选平台

开普省、开普敦市、南非电工技术出口委员会以及多个高科技公司参展。韩国展团的参展规模再创新高,由韩国国家信息通信产业振兴院组织40多家韩国高科技企业参展,还举办了上百家企业参与的大型"韩中企业配对洽谈会"。

高交会十大人气产品——运动DV

中国高新技术论坛也迎来多位重量级嘉宾，国际化程度进一步提升。来自美国、英国、意大利、葡萄牙、立陶宛、巴林、蒙古等国的多位副部长级以上官员出席并发表演讲，还有包括两院院士、诺贝尔奖获得者、高通公司全球总裁等在内的多位学术泰斗与企业领袖登台演讲。第18届高交会加大了对香港、澳门、台湾地区的招展和观众组织力度。参展方面，香港创新科技署和香港贸发局组织设立了香港馆，澳门生产力暨科技转移中心组织设立了澳门馆；香港城市大学、香港理工大学两所香港高校独立组团参展；台湾TEEMA展团和香港软件展团携数十家企业参加信息技术产品展；同时，还有香港的发明人和项目参展创客展区。粤港澳台企业共创商机，达到互利共赢。

文博会——中国文化产业第一展

由中华人民共和国文化部、中华人民共和国商务部、国家新闻出版广电总局、中国国际贸易促进委员会、广东省人民政府和深圳市人民政府联合主办的中国（深圳）国际文化产业博览交易会（简称"文博会"），是中国唯一一个国家级、国际化、综合性的文化产业博览交易会，以博览和交易为核心，全力打造中国文化产品与项目交易平台，促进和拉动中国文化产业发展，积极推动中国文化产品走向世界，被誉为"中国文化产业第一展"。

深圳文博会自2004年举办以来，就肩负着中华文化承载者、传承者和传播者的历史使命。成长于深圳这片土壤上的文博会犹如一颗种子，蕴含着一个国家的

2012年深圳文博会现场

文化梦想，在特区沃土上生根发芽，发展壮大。从第1届至今，展会在规模、质量、成交额、影响力等方面均创下历史高度，市场化、专业化和国际化水平进一步提升；文博会"1+N"系列展会取得优异成绩，文博会公司多元化、市场化经营迈上新台阶。历届累计总成交额超过1.5万亿元，出口成交额累计超过1300亿元，成为推动中国文化产业发展、促进中华文化"走出去"的国家级平台。

1. 贸易扬帆文化远航，助推中国文化"走出去"

文博会以拉动中国文化产业发展和推动中国文化产品出口为己任，积极发挥中华文化的传承者、承载者和传播者的作用，不遗余力地在海外推介中国文化产业，举办中国文化产品海外展销会，积极推动中国文化产品和项目进军国际市场，有效地落实了文化"走出去"战略。文博会为我国优秀文化产业项目搭建了展示、交易与资源对接、合作的国家级平台，引领文化产业走向国际。

深圳文博会展馆

2006年第2届文博会，中国文化产业正迎来高速发展时期，各国与中国在文化产业领域的合作机遇越来越多，以大型博览交易会为载体的文化对外推广模式也值得借鉴。文博会期间，中国和韩国有关方面就文化和版权领域的交流与合作签署了协议。

2008年第4届文博会为文化产业"走出去"铺路搭桥。文博会组委会先后与马来西亚文化博览展销中心、美国富顿集团签订合作协议，中国文化产品美国（纽约）展览中心暨中国（深圳）采购中心也宣布成立。这是文博会为中国文化拓展海外市场播下的一粒种子，有助于促进中美文化交流及文化贸易。美国是世界上的文化贸易大国，只要能进入美国市场，也就意味着本国文化产业叩开了国际市场的大门，而文博会恰恰在为中国文化走入美国市场进行着不断的努力。中国文化产品美国（纽约）展览中心暨中国（深圳）采购中心的成立，标志着中国文化产品在美国有了固定的营销途径。

第4届文博会也得到创意、艺术、投资界的世界级"大腕"青睐。占地近400平方米、差不多有5个羽毛球场地大小的艺术巴黎展区，从布展第一天就毫不遮掩地表达了自己的想法。红、黄、蓝、白、绿五色条带围成的展区，带来了世界著名画家的上乘作品。不管是西班牙达达派创始人之一弗朗西斯·毕卡比亚、法国野兽派画家拉乌尔·杜菲，还是俄罗斯抽象画家瓦西里·康定斯基、德裔法籍抽象派画家汉斯·哈同，都表明艺术巴黎有实力为中国画家服务，中国的画家可以通过这些画廊向世界展示自己的作品。

被誉为"世界设计之都"和世界五大展会城市之一的柏林，派出了以市长哈罗德·伍尔夫为首的代表团，团内除6位政府官员外，还有约20家德国企业的负责人，行业涉及工业设计、建筑设计、新闻传媒、生物医药、工程制造、医疗器械、商业顾问，在文博会这个巨大平台上展示德国最前沿的工业设计产品、德国国家设计奖的金奖及银奖作品，还与深

文博会"1+N"系列展会

"1"即文博会，"N"主要包括两个方面：一是从文博会平台，延伸出"N"个专业类展会，如每年12月的工艺美术精品展、9月的"艺术深圳"博览会，以及文博会在国内外多个城市举办的文化产品精品展，都取得了良好的社会效益和经济效益；二是借文博会"天时"，充分发挥深圳市场"地利"，在全市优选68个文化产业园区，成为文博会分会场，全年展示文博会平台的产品和项目。

中西文化在深圳文博会国际平台上碰撞交融

圳设计企业和设计师展开交流对话。

2010年第6届文博会国际化特色大放异彩，国际化程度也达到新高度。为期4天时间里，来自美国、法国、日本、加拿大等86个国家和地区的10 680名海外采购商走进文博盛会，参观、洽谈和交易，参展的国家数目比上一届增加了30个。出口交易112.56亿元，比上届增长28.41%，参展国家和地区数目、出口交易额、海外专业观众和采购商数目都创造了历届之最。

2011年第7届文博会让中国文化"走出去"，又创历届之最，来自美国、法国、日本等89个国家和地区的10 000多名海外参展商汇聚深圳，文博会上的海外推广招商活动轮番上演。中国文化产业的鲜花不仅给"墙里"带来了美丽和惊喜，更让自己在"墙外"美名远扬。借助文博会这个助推器，中国文化"走出去"的步伐越迈越大，为世界各地的文化企业提供了最佳交流平台。世界各地的文化在此交汇，并通过交流合作，促成了世界文化的繁荣和发展。在文博会海外项目对接区举行的"加拿大动漫和新媒体行业推介会"上，加拿大驻广州领使高度赞赏文博会的作用。山西的民俗文化、贵州的传统手工艺、江苏的刺绣产品，让观众目不暇接，更深刻体验了中国文化的活力。文博会上，德国巴斯基设计、朗布尔传媒，法国阿兰得卡文化，比利时菲际画廊、酷奇时尚设计公司等世界知名企业参展，外国文化商人以特有的敏感，关注中国文化产业的发展，寻找着与中国合作的新机会。

从第2届开始，文博会便开展海外招展代理，先后与26家海外优秀代理机构签订代理招商协议，面向200多个国家和地区招商。在第3届文博会上，遵义杂技团的杂技晚会《依依山水情》与美国中美文化传播公司签约，接着与澳大利亚、韩国等国客商签下了5份订单；在第4届文博会上，与美国、西班牙、韩国等商家签订了合同；在第5届文博会上，与国内外投资者签约项目6个。签约之后，遵义杂技团在澳大利亚、美国、芬兰、韩国、日本等国轮回巡演。借文博会平台，遵义杂技团打开海外市场，演出足迹遍布5大洲的63个国家和地区，在世界杂技界异军突起。

借助文博会，闽南特色纸质画、青海唐卡、平湖纸龙舞等曾经养在深闺的非物质文化遗产也开始走向国际。2011年，7500平方米的文博会"非物质文化遗产馆"专馆中，67项国家级非物质文化遗产、124项省级非物质文化遗产及深圳的非物质文化遗产香云纱、平湖纸龙舞都在文博会上向海外参展商和采购商展示自己独特的魅力。

文博会的迅速成长，正是伴随着我国文化体制改革不断推进、文化产业跨越发展的黄金时期。凭借文化独有的流动性和渗透力，文博会不仅在文化领域产生影响，而且对我国转变经济发展方式发挥了积极作用。10多年来的坚持和探索，一批具有鲜明文化特色和国际竞争力的文化企业在这里获得认可。2016年第12届文博会延续国际化特点，扩大海外资源引入，提升文化贸易和跨国交流力度，海外展区面积占比达总面积的20%，来自欧洲、亚洲、非洲、大洋洲等全球40个国家和地区的115家海外机构参展，来自美国、英国、法国等98个国家和地区的19 523名海外采购商到现场进行采购。出口交易金额176.972亿元，同比增长7.35%。亿元以上的出口交易项目23个。主要出口国家和地区覆盖新加坡、埃及、日本、韩国、德国、美国等国家，主要出口产品为陶瓷、家居饰品、装饰画等工艺美术品以及影视、动漫、游戏等内容产品。

2. "一带一路"特色文化在此交汇

文博会在助推中国文化"走出去"的同时，也为中外文化企业搭建起了重要的交流互动桥梁。2010年，文博会海外出口交易额突破100亿元。2011年89个国家和地区超过12万名海外参展商汇聚文博会。2012年在美国和欧洲经济形势严峻的情况下，文博会文化产品出口交易额仍超过115.22亿元，吸引约13.17万人次的海外专业观众观展。

为力促国际采购商与国内参展商实现成功洽谈和交易，文博会充分了解参展商产品特色优势，深入挖掘国际市场对中国文化产品的需求，广泛调配国际资源。2011年文博会上，仅阿拉伯地区采购团的采购金额就超过18.46亿元，来自北美、欧洲等多个国家和地区的采购商还与专门出品油画、版画、家居饰品的深圳闲云工艺饰品公司签下13个订单合同，签约金额达到2000万美元。

历经10余年发展，中国（深圳）国际文化产业博览交易会打开了一扇对外交流的窗口，向世界展示我国最新文化成果的同时，也让优秀的世界文化艺术精品走进国门。以文博会为纽带，"一带一路"风情也在这里融会互通。在2015年第11届文博会上，泰国、老挝、埃及、哈萨克斯坦等15个"一带一路"沿线国家集中展示了传统工艺美术、创意设计、非物质文化遗产、文化旅游及演艺等内容。97个国家和地区的1.8万个采购商参会借机挖掘"商机",寻求新的产业环境下的发展机遇,其中欧美的采购商比例超过30%。

为了落实国家"一带一路"倡议部署,秉承和弘扬丝路精神,展示文化交流、商贸沟通的历史成果,推动中国与沿线国家的文化交流与文化贸易,在2015年首次设立"丝绸之路"馆的基础上,2016年文博会专设"一带一路"馆,配置7500平方米面积,俄罗斯、比利时、埃及、韩国等"一带一路"沿线35个国家和地区的106家海外机构以政府组团、机构组织、企业参与等形

2016年深圳文博会设立"一带一路"馆

式携本国特色文化产品亮相。其中,俄罗斯展团组织100多个民族文化、艺术项目及3D项目参展,埃及展团组织埃及传统手工艺品参展,泰国展团带来本土工艺品。此外,在"一带一路"馆的整体展示形象还融合丝绸与各国国旗的元素,提炼各国国旗的图案和色彩,延伸融合成展馆整体氛围,形成融合、沟通的国际化视觉形式。文博会艺术品馆也引进了美国、法国、俄罗斯、乌克兰、加拿大等国家和地区的7家境外知名艺术机

深圳文博会期间举办2016"一带一路"文化发展论坛

构、协会和画廊，展示各国油画、版画、雕塑，加强与我国传统文化艺术的切磋。

2016年第12届文博会吸引了来自美国、加拿大、俄罗斯、德国、意大利、法国、葡萄牙、澳大利亚、西班牙、希腊、波兰、乌克兰、捷克、赞比亚、肯尼亚、匈牙利、保加利亚、克罗地亚、蒙古、缅甸、尼泊尔、泰国、埃及、印度、印度尼西亚、马来西亚、柬埔寨、越南、巴基斯坦、土耳其、加纳、智利、乌兹别克斯坦、哈萨克斯坦、日本、韩国、老挝、立陶宛、巴新、伊朗40个国家和地区的115家海外机构参展，主展馆海外展区面积占总面积的20%，海外参展机构比上届增加37%。

在第12届文博会非物质文化遗产馆，印度展团带来16家印度非物质文化遗产机构或传承人参展，印度文明古国的传统手工艺刺绣针织、手工艺铜器和宝石首饰及木制工艺品和中国传统工艺品同台竞技。除了"一带一路"沿线国家的文化展示，第12届文博会上还甄选部分国内"一带一路"沿线的代表城市参展，规划了喀什、敦煌、西安、宁波等部分"丝绸之路"沿线城市旅游展区、"藏羌彝文化产业展区""珠三角地区文化产业展区",带来"文化+旅游、文化+科技、文化+工艺"等丝路文化项目和文化出口项目,挖掘"一带一路"沿线文化基因,让传统文化焕发新的生机。其中,内蒙古带来极具民族文化特色的"草原文化节",展示系列草原文化、历史、艺术,包括成吉思汗文献、玉玺、民族工艺品、内蒙古自治区书法绘画作品、民族服饰等。

第12届深圳文博会颁奖大会现场

　　诞生于2016年第12届文博会的"丝绸之路"馆,经过两年的成长,参展国家增加了一倍以上,并由此更名为"一带一路·国际馆"。2016年第13届文博会的"一带一路·国际馆"共吸引了英国、法国、奥地利等"一带一路"沿线35个国家和地区参展,其中印度展团带来了印式家具、软装、木雕、手绘及金箔绘画,以色列展位则呈现3D影像、移动设备、直播技术等"文化+科技"新产品,美国展出了帝国郡风情的传统文化,英国爱丁堡市呈现了影视动漫、数字出版等多元化内容，奥地利、古巴、法国、澳大利亚等国家带着文化创客、传统文化演出和传统手工艺品前来参展。此外，匈牙利的柯达伊音乐教学项目、塞尔维亚的民族艺术品，保加利亚的传统服饰、手工艺品和风情表演也让参观者应接不暇。"一带一路"馆再现昔日丝路盛景，把各国经济文化连结了起来。

　　2017年第13届文博会以"文牵一带，博汇丝路"为主题，通过贯彻落实"一带一路"倡议，提升质量型、内涵式办展水平，推动展会市场化、专业化、国际化水平实现整体跃升，着力打造国际知名文化品牌展会，进一步发挥文博会作为中国文化体制改革创新成就和发展趋势的重要展示窗口及中华文化走出去、中国文化产品走向世界和带动西部地区文化产业发展的平台作用，使文博会成为引领中国文化产业发展、催生文化产业新业态、促进产业融合、加快新常态下文化体制机制改革创新的重要引擎，成为中国文化产业重大项目投融资和博览交易的重要平台。

深圳2017年第13届文博会现场表演

深圳2017年第13届文博会展示的石艺作品

深圳2017年第13届文博会展示的玉雕作品

留交会——中国海外留学人员交流第一品牌

随着经济全球化和我国经济影响力的不断提升，中国已经逐步成为海外人才创业发展的重要选择。特别是我国"一带一路"倡议和创新驱动发展等战略的实施，为海外人才提供了机遇。创办于1998年的中国留学人员广州科技交流会（简称"留交会"），是我国规模最大、层次最高、最具影响力的海外人才项目交流平台，有"中国海外留学人员交流第一品牌"之称。

1. 为海外人才项目搭起交流平台

1998年12月28日，由广州市政府主办、广州经济开发区承办的首届中国（广州）留学人员科技交流会在广州中国出口商品交易会流花展馆召开，303位留学人员参加了会议，留交会从此诞生。1999年，国家教育部、科技部、人事部加入作为主办单位，同时大会提出"面向海内外，服务全中国"的宗旨，留交会从此升格为国家级留学人员交流平台。随着留交会在海外留学人员中的影响越来越大，2000年举办的第3届留交会参会留学人员首次突破千人大关，办会规模从此迈上新台阶。2002年，中国科学院加入作为第5届留交会主办单位，进一步提升了留交会的科技含量。到2003年，北京、上海、长春、杭州、武汉、成都、西安、苏州首批8个城市加盟成为留交会的协办单位，至此，留交会主协办工作机制形成。

2004年，为了提高留学人员项目与国内企业对接的成功率，广州市政府率先在留交会上推出难题招贤项目，明确由企业提出难题，并难以在国内找到解决方案，经专家评审后在会上对留学人员公开招贤，对留学人员与企业达成合作的项目，市政府优先支持。此举得

2010年第13届中国留学人员广州科技交流会在广州举办

到留学人员和企业的积极响应,首次推出的难题,90%以上从留学人员中找到了解决方案。2006年,为提高留学人员回国创业的成功率,教育部与留交会组委会联合举办了首届"春晖杯"中国留学人员创新创业大赛。大赛经过报名、评审、洽谈等阶段,最终评选出获奖项目并在2006年第9届留交会期间颁奖,留交会被选定为该大赛的永久颁奖基地。

2011年第14届中国留学人员广州科技交流会在广州举办

2011年,第14届留交会海外服务对象从单一留学人员扩大到以留学人员为主体、包括外裔高层次人才在内的海外高层次人才;创新办会模式,即以人才交流、创新论坛、成果展示和多项推介会相结合的"3+N"创新模式组织大会各项活动,参会人员规模和展览规模创下历届新高;在留交会上举办首届中国(广州)国际创新博览会(简称"创博会")、首届珠江创新论坛、新广州新商机推介会(6月份分别在俄罗斯圣彼得堡和英国伯明翰组织了两场大型海外新广州新商机推介会)。为吸引更多海外人才来穗创业,本届留交会上颁

2015年12月中国留学人员广州科技交流会
海外人才考察团实地考察广州开发区创新创业环境。

布了"广州市鼓励海外人才来穗创业'红棉'计划"（简称"'红棉'计划"）。该计划依托中国留学人员广州科技交流会，以海外人才为重点对象，自2012年起市政府每年安排1亿元以上资金，引进培育100家以上海外人才来穗创办的企业，每家提供30~100万元的创业资金资助。

2012年举办的第15届留交会新增欧美同学会（中国留学人员联谊会）为主办单位，展览面积4万平方米，设有海外人才、国内省市、广州地区、创博会4个展区，在留交会历史上首创海外人才项目实物展和人才港，组织了12场创新论坛。第15届留交会是党的十八大后举办的首个规模最大的人才项目交流活动，共有来自美国、加拿大、英国、新加坡、澳大利亚、独联体等29个国家和地区的22个海外留学人员社团，2400多位海外人才参会，比上届增长10%，带来项目成果1300多项。包括香港、澳门、台湾在内的79个省市政府代表团、250多家高校、科研院所及企业机构独立组团参展参会，同比增加20%，国内参会人员4000多人，带来人才岗位需求14 000多个，招聘人才24 000多人，项目需求2000多项，展出项目成果近3000项，均创历届之最。

以"纳天下英才，助创新驱动"为主题的第17届中国留学人员广州科技交流会于2015年12月21—22日在广州白云国际会议中心举行，海外人才参会人数之多及层次之高，创历届之最。出席本届留交会的海外人才约达2600多人，来自29个国家和地区。其中参会海外专业社团15个，外裔专家150名，22位中外科学院院士，300多位国家"千人计划"专家。参会海外人才中具有博士学位的占70%，具有5年以上海外工作经历的占70%，有意向回国创业的占70%，约30%属于顶尖人才。海外人才带来了科技和创业项目1462个，包括"千人计划"专家项目300多项、"春晖杯"获奖项目195项、中美创客大赛获奖项目150项、独联体参会项目200项、海外人才社团及自由参会海外人才项目617项，涉及新一代信息技术、新材料、高端装备制造、生物医药、节能环保等领域。

独联体

独立国家联合体是由前苏联大多数共和国组成的进行多边合作的独立国家联合体，简称"独联体"。独联体成员国有：俄罗斯联邦、白俄罗斯共和国、摩尔多瓦共和国、亚美尼亚共和国、阿塞拜疆共和国、塔吉克斯坦共和国、吉尔吉斯斯坦共和国、哈萨克斯坦共和国、乌兹别克斯坦共和国。

2015年留交会独联体高新技术和产业合作展

而第4次成为留交会活动重要协办单位的"独联体"，也在第17届留交会期间组织承办了"一带一路"发展战略与独联体国际科技合作圆桌会议、独联体高新技术成果交流对接、独联体高新技术成果展等系列活动。在此期间，独联体专家也成批涌进广东，包括乌克兰国立技术大学6名专家团队入驻惠州学院，落实双方签署的合作规划，乌克兰阿迪那公司技术人员三人奔赴粤北工业重镇韶关，与韶能集团就发电锅炉节煤工艺测试方法进行了试验。

2015年全球顶尖人才专家组团参加第17届留交会

在第17届留交会上,独联体邀请了来自乌克兰、白俄罗斯、俄罗斯和哈萨克斯坦等国近100位独联体著名专家学者,其中包括来自白俄罗斯国家科学院的主席团副主席苏卡洛·亚历山大、白俄罗斯国家科学院国际技术转移中心主任乌斯别斯基·亚历山大等,携260多项新材料、新能源、生物医药、装备制造等领域的最新技术成果亮相广东,就具体技术项目与广东企业开展"一对一"对接,提升了广东企业自主创新水平。

而作为"独联体"系列活动中的重头戏,"'一带一路'发展战略与独联体国际科技合作圆桌会议"活动主要围绕我国"一带一路"发展战略,从战略高度就中国与独联体国家的科技交流合作、专家人才引进、产业和经贸合作的策略和经验展开讨论,探讨新的国际环境下如何抓住机遇,促进双边合作向纵深发展,提升广州企业科技创新和成果转化能力,加快国际科技创新和国际产业合作的步伐。

2. 打造规模最大规格最高的海外人才交流盛会

根据国家经济社会发展和人才事业发展的需要，2016年举办的第18届留交会进行了全方位的创新升级，由"中国留学人员广州科技交流会"正式更名为"中国海外人才交流大会暨中国留学人员广州科技交流会"（简称"海交会"），并且恢复了每年12月中下旬举办一次的办会频率。留交会升级更名成海交会后，参会人才由往届只面向中国留学人员，扩大为面向包括外籍高层次人才、港澳台人才、杰出华人华侨代表在内的全球各类人才，成为中国首次面向全球举办的规格最高、规模最大的海外人才交流会。

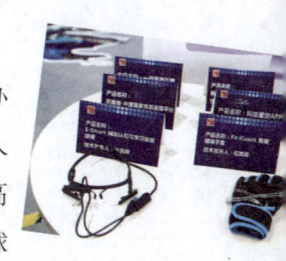

2015年留交会展示的智能穿戴装备：智能健康手套

2016年海交会由国家教育部、科学技术部、中国科学院、国务院侨务办公室、欧美同学会（中国留学人员联谊会）、中共广州市委、广州市人民政府共同主办，北京、上海、天津、重庆等27个城市（机构）协办。大会以"聚英才，圆梦想，创未来"为主题，以"面向海内外，服务全中国"为宗旨，展览展示面积达23 000平方米，参会人数达7000人，人数再创历史新高。20余名国内外知名院士、3000名海外人才齐聚大会，精英荟萃，智汇全球。当中包括外籍高层次人才、海外留学人员、港澳台人才、杰出华人华侨代表在内的海外人才。其中，博士学位的占65%，有意向回国创业者占70%；多位来自欧美日等发达国家和"一带一路"沿线国家的外籍高层次人才也来参会，如：瑞典皇家科学院、皇家工程院两院院士桑·斯万博格（Sune Svanberg），世界著名建筑史学家、艺术史学家和经济学家、欧洲科学院副院长、美国政治科学院院士安特·格利博达（Ante Glibota），英国科学院和医学科学院院士罗宾·洛弗尔·巴德格（Robin Lovell-Badge）、欧洲科学院院士、爱尔兰皇家科学院院士孙大文（Da-Wen Sun）等。

为了给国内招聘单位与远在国外、异地不能到现场参加海交会的留学英才、海外人才搭建充分交流对接的平台，2016海交会还创新打造O2O视频招聘会。本次视频招聘会在现场给企业代表和远在万里之外的海外学子提供O2O视频面试系统的技术支持，彻底打破了地域和形式的限制，把面试简历从传统"一维"的文字简历升级为"三维"的现场面试。利用"高清视频、数据分析、人岗匹配"等技术和服务，实现跨国直播模式，帮助国内企业解决国际人才招聘的难题，大大提高了招聘效能。对于企业而言，还能解决传统国际人才交流中的"简历真实性"和"信息量单薄"的问题，让企业可以更加直观地了解、更加全面地评估应聘者，有效缩短了供求双方的经济和时间成本，天涯变咫尺。

本届海交会以"精准定位、精准对接、精准落地"为着力点，更加注重实效。"精准定位"，即定位于国家级海外人才交流大会，为我国创新驱动发展战略服务；"精准对接"，即充分分析市场需求、人才需求，利用线上、线下活动进行全方位需求对接；"精准落地"，即不拘一格地引进人才和项目，聚焦双创和供给侧结构改革，尽可能地留项目、留人才，全面提升办会实效。海交会期间，近400名国家"千人计划"专家携科技项目参会，独联体国家有120多个高端科技项目参会，"春晖杯"中国留学人员创新创业大赛带来242个入围项目，欧美同学会带来了150多名海外名校博士携项目回国参会。其中，"墨子号"保密通信探秘、

"暖男"METE导盲机器人、"无人探测"空地海移动平台穿透探测、食品安全监测"卫士"流控核酸扩增芯片及监测设备、裸眼共享AR——NanoAR全息纳米屏幕等最新科技成果在大会呈现,"高性能液相石墨烯清洁生产工艺和应用技术研发""脑胶质瘤的克星——纳米颗粒""微生物法高转化率及循环提取技术生产琥珀酸"等项目也在海交会上寻求投资机遇。

为了更好地服务广州经济社会发展,广州市以此为契机,按照国际化、多元化、品牌化的要求,以服务国家战略为核心,积极打造"面向世界、服务全国、影响广泛、永不落幕"的海外人才交流盛会。充分发挥海交会国家级引智引才的平台作用,针对不同层次、不同领域、不同需求的海外人才,广州市有的放矢,在本届海交会中定制式地举办了6场专场招聘活动,包括世界500强企业、港澳人才、大数据和云平台、琶洲互联网集聚区、博士后人才、开发区海外人才等专场招聘,实现精准对接。参加招聘的企业达318家,参加展示的企业达145家。此举吸引了大批优秀海外人才的关注,并成功签约。

海博会——"海上丝绸之路"经贸合作新平台

2013年10月,中国国家主席习近平在印度尼西亚国会发表演讲时提出,中国愿同东盟国家共同建设"21世纪海上丝绸之路",得到东盟各国的积极响应。以东南亚地区为"海上丝绸之路"重要枢纽,进一步加强多边投资贸易合作,是中国与"海上丝绸之路"沿线国家面向新世纪发展机遇的共同选择。

广东是中国改革开放的前沿阵地,是中国与世界各国开展投资贸易合作的桥头堡。改革开放30多年来,广东积极参与国际经济合作与竞争,与200多个国家和地区建立了长期稳定的贸易往来关系,经济持续快速发展,地区生产总值增长速度连续25年位居中国第一。承传着开放包容、互利共赢的丝路精神,扬帆启航的"21世纪海上丝绸之路"正激发着中国与沿线国家的合作活力。作为中国改革开放的先行区和经济发展的排头兵,广东通过举办"21世纪海上丝绸之路国际博览会"(简称"海博会"),为促进"海上丝绸之路"沿线国家的共同发展搭建新的合作平台。

2014年10月31日至11月2日,第1届"21世纪海上丝绸之路国际博览会"在广东东莞的广东现代国际展览中心举行。展会吸引了众多"21世纪海上丝绸之路"沿线国家参展,42个国家和地区的1000多家参展企业和6000

广东"21世纪海上丝绸之路国际博览会"的新西兰馆

多家境内外采购企业参与,展位数达2536个,超出原计划的26.8%。展会特别设立"特色优势产品贸易合作区",集中展示广东家电电子、家居用品、礼品饰品、服装鞋帽、食品饮品等知名产品。大会共达成签约项目451个,涉及签约资金1747亿元。海博会还举办了国际论坛暨专家咨询会、农产品电商与营销实务大讲堂、马来西亚—中国总商会展馆开幕式剪彩仪式、跨境贸易人民币结算政策宣讲会等系列活动。

2014海博会除经贸合作交流外,在旅游文化、物流航运等方面与各国也开展了合作。其中的旅游文化合作展区,集中展示沿线国家和地区以及广东特色旅游产品、文化产品、民俗风情、旅游线路及非物质文化遗产项目等。博览会吸引11个国家的15个友好组织、4个国家的7个友城代表团参会,韩国、印度、阿联酋等多个国家进行了文化展示。韩国、马来西亚等6个沿线国家的旅游部门组织设立了专门的展位,柬埔寨、印度尼西亚等5个国家的大型航运公司进驻,探讨开辟新的旅游线路。

2015海博会根据"一带一路"经贸特点和产业实际,设1个专题展、6个专业展。境内外参展企业1394家,来自50个境外国家和地区的参展企业978家,占全部参展企业70%以上。其中,属于传统"海上丝绸之路"沿线国家和地区的有23个,属于"海上丝绸之路"延伸国家和地区的有27个。海外展商共有38个国家和地区的企业组团设立了国家(地区)馆,充分展示了各国旅游、食品、工艺品等特色产品的迷人魅力。

2015年海博会把国家馆和专业馆相结合,国家馆方面,共50个国家和地区参展。在专业展区方面,茶

"2015广东21世纪海上丝绸之路国际博览会"展示的特色产品

叶、丝绸、陶瓷、旅游、食品和农产品、建材及工程机械等展区亮点纷呈,全面提升了海博会的专业化水平。统计显示,为期三天的展会进场观众达10多万人,其中专业买家超过2万人。展会80%以上的参展商都接到了生意。2015年海博会共达成签约项目680个,涉及签约资金2018亿元,比上届增长15.5%。其中,投资项目177个,金额530亿元,增长11.6%;"走出去"项目58个,金额308亿元,增长19.4%;贸易项目445个,金额1180亿元,增长16.4%。业内人士认为,海博会国际化、专业化进程之快,创造了国际展览业又一个奇迹。

为搭建广东与"海上丝绸之路"沿线国家(地区)全方位合作的新平台,扩大合作领域,提升合作层次,全面提高广东开放型经济的发展水平,构建新常态下广东对外开放新格局,"2016广东21世纪海上丝绸之路国际博览会"坚持国际化、专业化、市场化,搭建有成效的经贸与合作平台,发挥国际经贸中心优势,把广东贯彻"一带一路"倡议落到实处。

根据"一带一路"经贸特点和产业实际,2016海博会设置1个主题展、6个专业展。主题展区包括商机展示区、跨境电商物流展示区、信息技术产品展示区。商机展示区主要展示"海上丝绸之路"沿线国家(地区)投资和经贸合作商机。重点展示港口、码头、高铁、高速公路、电力、电信等基础设施建设项目,以及产业园区投资合作等,有序推进国际产能合作,促进大型央企和省内重点企业"走出去",同时增加投资和贸易政策咨询服务区。跨境电商物流展示区主要推介跨境电商平台,推动线上与线下互动,动员沿线国家(地区)建设虚拟展馆、在展会结束后继续展示、交流、合作,创新经贸合作模式,丰富和完善海丝网,实现"永不落幕的展会"目的。而信息技术产品展示区主要展示广东信息技术类高新技术企业发展情况,为沿线国家(地区)提供引进投资的各类信息,促进对沿线国家(地区)的市场开发,带动相应的高端装备制造设备和技术出口,力争实现广东外贸由过去的"大进大出"向"优进优出"转变。

专业展区部分,"海上丝绸之路"旅游文化展主要展示海丝沿线国家(地区)以及广东特色旅游产品、文化产品、民俗风情、旅游线路及非物质文化遗产项目等,促进广东与"海上丝绸之路"沿线国家(地

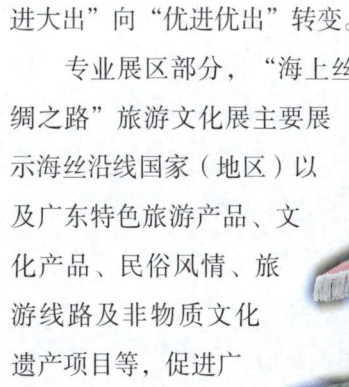

"2016广东21世纪海上丝绸之路国际博览会"上的艺术表演

"2016广东21世纪海上丝绸之路国际博览会"开馆仪式

区)的民间交流;增加航空、航线的密度,促进互联互通。国际建筑装饰材料及工程机械展主要针对"海上丝绸之路"沿线国家和地区基建及建筑业发展需求,创造建筑装饰材料及工程机械采购机会,包括东南亚优质木材及木材制品等。"海上丝绸之路"特色食品及农产品展则主要展示沿线国家的优质农产品、海产品以及广东优势产品,促进贸易合作和终端消费。国际茶文化精品展主要参展对象是茶叶生产和贸易流通企业,展品包括茶叶、茶具及茶文化产品等。参展商重点在国内,同时邀请茶叶比较出名的海丝沿线国家(地区)参展。国际陶瓷文化精品展主要邀请景德镇、潮州、梅州等地区重点陶瓷企业参展,展品包括餐具、艺术陶瓷、其他陶瓷文化产品等。国际丝绸文化精品展重点邀请潮绣、苏绣、湘绣、川绣等生产企业参展,主要展品有丝绸服装服饰、丝绸工艺品等。

2016海博会是第3届,在前两年成功办展的基础上,博览会的国际知名度日益增强,品牌效应日渐彰显。本届展会展出面积约7万平方米,共吸引国内外

1526家企业参展,展位2626个;参展和采购的境外国家和地区数达73个,52个国家和地区参展,设39个具有异域风情的国家(地区)馆,展示沿线国家的产业特色。其中,毛里求斯、南非、意大利等国首次设立了国家馆。就展位数量而言,澳大利亚、新西兰、印度尼西亚、越南、肯尼亚、阿联酋、印度等相对成熟的国家参会规模超过2015年。展会4天共吸引23.8万人次入场观展采购,比上届增长120%,其中专业采购商2.8万人次,比上届增长31.5%。共达成各类签约项目700个,涉及签约资金2068亿元,比上届增长2.5%。

期间,还在广州举行了"2016广东21世纪海上丝绸之路国际博览会主题论坛——产能合作与创新发展高端论坛"。论坛设主题大会和产能合作与创新发展部长对话会及"海丝"国际智库论坛暨东盟战略合作论坛、广州国际友好城市圆桌会议、沙特专题投资推介会等分论坛,围绕产能合作与创新发展的主题,汇聚各方面精

"2016广东21世纪海上丝绸之路国际博览会"毛里求斯馆

2016广东21世纪海上丝绸之路国际博览会——产能合作与创新发展高端论坛

英翘楚,加强交流研讨,深入沟通对接,达成更积极的合作意向。广东也以此次论坛为契机,推动与沿线国家进一步增进相互了解和信任,以产能合作和创新发展为引领,全面深化基础设施互联互通、贸易往来以及制造业、农业、能源、海洋经济、旅游等领域的互利合作,携手共创广东与"21世纪海上丝绸之路"沿线国家共同发展的美好未来。

参考文献

[1] 国家发展改革委，外交部，商务部．推动共建丝绸之路经济带和21世纪海上丝绸之路的愿景与行动．2015．

[2] 科技部，国家发展改革委，外交部，商务部．推进"一带一路"建设科技创新合作专项规划．2016．

[3] 新华社．习近平在"一带一路"国际合作高峰论坛开幕式上的演讲．2017．

[4] 新华社．"一带一路"国际合作高峰论坛成果清单．2017．

[5] 黄伟宗．海上丝绸之路与海洋文化纵横论[M]．广州：广东经济出版社，2014．

[6] 广东省发改委．广东省参与丝绸之路经济带和21世纪海上丝绸之路建设实施方案．2015．

[7] 广东省第十二届人大常委会第二十六次会议．中国（广东）自由贸易试验区条例．2016．

[8] 国务院．关于深化泛珠三角区域合作的指导意见．2016．

[9] 广东省政府．广东省深化泛珠三角区域合作实施意见．2017．

[10] 陈韩晖，吴哲，黄颖川．广交会——海上丝绸之路的新生与发展[M]．广州：广东经济出版社，2015．

图书在版编目（CIP）数据

海上丝路之梦想起航/冯海波编著．—广州：广东科技出版社，2017.6（2021.11重印）

（海上丝绸之路青少年科普丛书/王元林主编）

ISBN 978-7-5359-6780-0

Ⅰ．①海…　Ⅱ．①冯…　Ⅲ．①海上运输—丝绸之路—中国—青少年读物　Ⅳ．①K203-49

中国版本图书馆CIP数据核字（2017）第206419号

特别鸣谢

　　本丛书在编辑出版过程中，得到了周运中、何国卫、骏骅堂、崔策等先生和郭莹女士的大力支持，在此一并致谢！

海上丝路之梦想起航　Haishang Silu Zhi Mengxiang Qihang

项目策划：丁春玲	销售热线：020-37607413
执行策划：姚　芸	http://www.gdstp.com.cn
项目支持：崔坚志	E-mail: gdkjbw@nfcb.com.cn
责任编辑：姚　芸	经　销　广东新华发行集团股份有限公司
方　敏	印　刷　广州市东盛彩印有限公司
装帧设计：李　树	（广州市增城区新塘镇太平洋工业区十路2号
责任校对：陈　静	邮政编码：510700）
责任印制：彭海波	规　格　889mm×1194mm　1/32　印张4.25　字数85千
排　版　广州市友间文化传播有限公司	版　次　2017年6月第1版
出版发行　广东科技出版社	2021年11月第3次印刷
（广州市环市东路水荫路11号	
邮政编码：510075）	定　价：33.00元

如发现因印装质量问题影响阅读，请与承印厂联系调换。